V&R

Felix Klug

Ovid, Amores

Ein kompetenzorientierter Lernzirkel mit Binnendifferenzierung

Kopiervorlagen

mit Illustrationen von Ralph Ehrenreich

Download des E-Books unter
www.v-r.de/ovid-amores
Passwort: c9ZvsG5M

Vandenhoeck & Ruprecht

Bibliografische Information der Deutschen Nationalbibliothek

Die Deutsche Nationalbibliothek verzeichnet diese Publikation in der Deutschen Nationalbibliografie; detaillierte bibliografische Daten sind im Internet über http://dnb.d-nb.de abrufbar.

ISBN 978-3-525-71097-5

Weitere Ausgaben und Online-Angebote sind erhältlich unter: www.v-r.de

Umschlagabbildung: Ralph Ehrenreich

Satz: SchwabScantechnik, Göttingen
Umschlag: SchwabScantechnik, Göttingen
Druck und Bindung: ⊕ Hubert & Co, Göttingen

Gedruckt auf alterungsbeständigem Papier.

Inhalt

Didaktisch-methodische Vorbemerkungen

Der vorliegende Lernzirkel zu Ovids *Amores* orientiert sich sowohl inhaltlich als auch methodisch unmittelbar am Erfahrungshorizont und den Bedürfnissen der Schüler/innen.

Er beinhaltet für die Heranwachsenden interessante und fachwissenschaftlich bedeutende Kernpassagen der Liebesdichtung Ovids. Schwerpunktmäßig werden dabei die typischen Motive der elegischen Dichtung aufgegriffen (z. B. *servitium amoris, militia amoris, foedus aeternum, exclusus amator*). Die lateinischen Übersetzungstexte werden durch umfangreiche Zusatzmaterialien zur Interpretation und durch motivierende Aufgaben zur kreativen Umsetzung ergänzt, die eine gegenwartsbezogene und schüler/innennahe Bearbeitung der Originaltexte ermöglichen.

Die meisten Kopiervorlagen des vorliegenden Werkes sind binnendifferenziert gestaltet, sodass der Lehrkraft der Umgang mit den immer heterogener werdenden Lerngruppen im Lateinunterricht erheblich erleichtert wird.

1. Ziele des Lernzirkels

Gemäß den Bildungs- und Kompetenzstandards des modernen Lateinunterrichts fördert der Lernzirkel die Schüler/innen auf verschiedenen Ebenen:

- **Kognitiver Bereich:** Die Schüler/innen übertragen zentrale Passagen aus Ovids *Amores* angemessen ins Deutsche und interpretieren sie anschließend hinsichtlich ihres Aufbaus und Gehalts. Sie lernen somit die wichtigsten Motive der elegischen Liebesdichtung kennen und setzen sich kritisch mit deren Bedeutung für die antike und moderne Literatur auseinander. In Form von kreativen Bearbeitungen der lateinischen Originaltexte spiegeln die Lernenden abschließend die elegischen Motive an ihrer individuellen Erfahrungswelt.
- **Methodischer Bereich:** Die Schüler/innen verbessern durch den Lernzirkel ihre Methodenkompetenz in doppelter Hinsicht: Neben *fachspezifischen* Erschließungsmethoden und Interpretationsmodellen (z. B. motiv- und rezeptionsgeschichtlich, gegenwartsbezogen) lernen die Schüler/innen durch die Bearbeitung des Lernzirkels auch *fachübergreifende* Lern- und Arbeitstechniken kennen (z. B. gezielter Umgang mit Hilfsmitteln im »offenen Unterricht«, Recherchen in der Bibliothek oder im Internet).
- **Personaler Bereich:** Die Schüler/innen bearbeiten die Aufgaben des Lernzirkels selbstständig und erstellen sich einen individuellen Arbeitsplan. In Partner- bzw. Gruppenarbeiten sind sie bereit, die ihnen übertragenen Aufgaben verantwortungsbewusst und pünktlich zu erledigen. Im gemeinsamen Lernprozess beweisen die Schüler/innen Kritikfähigkeit, indem sie Anregungen anderer Beteiligter aufnehmen und umsetzen.
- **Sozialer Bereich:** Die Schüler/innen setzen sich mit dem fachlichen Gegenstand in Partnerarbeit bzw. Kleingruppen auseinander. Sie koordinieren gemeinsam ihr Vorgehen, halten sich an Absprachen, bringen sich konstruktiv in die Gruppe ein und sorgen für ein angenehmes und produktives Arbeitsklima.

2. Voraussetzungen zum Einsatz des Lernzirkels

Die Schüler/innen sollten

- die Spracherwerbsphase abgeschlossen und bereits Grunderfahrung mit lateinischen Originaltexten haben,
- mit grundlegenden Techniken der Interpretation vertraut sein (z. B. Erstellen einer Gliederung, Erkennen sprachlich-stilistischer Mittel),
- offen für neue Methoden und Aufgabentypen sein und Freude an kreativer und fächerübergreifender Arbeit mitbringen.

Vorerfahrungen mit offenen Unterrichtsformen sind nicht zwingend nötig!

Die Lehrkraft nimmt während der Arbeit am Lernzirkel eine beratende bzw. begleitende Rolle ein. Daher sollte sie bereit sein, sich weitestgehend zurückzuziehen und Verantwortung an die Schüler/innen abzugeben.

3. Konzeption des Lernzirkels

Der Lernzirkel besteht aus insgesamt **fünf Arbeitsstationen** und einer **Hilfe- und Kontrollstation** (vgl. schematische Darstellung).

Station 1 gewährt einen Überblick zu Ovid und seinem Werk. Neben einem Infotext zu Ovid und der römischen Liebeselegie beinhaltet sie ein Multiple-Choice-Quiz und Materialien zu einer Online-Recherche. Die Schüler/innen können ihre Ergebnisse an der Hilfe- und Kontrollstation überprüfen.

Station 2 stellt den eigentlichen Kern des Lernzirkels dar. Sie beinhaltet sieben zentrale Textstellen aus Ovids *Amores.* Dabei handelt es sich um:

- Ov. am. I,2,1–10 und 17–20 »Amors neue Beute«
- Ov. am. I,3,1–6 und 15–20 »Für immer du!«
- Ov. am. I,6,1–18 »Öffne die Tür!«
- Ov. am. I,9,1–10 und 41–44 »Liebe ist Krieg!«
- Ov. am. II,9b,1–14 »Ich ergebe mich!«
- Ov. am. III,3,1–14 »Sie hat gelogen!«
- Ov. am. III,11b,1–12 »Liebe und Hass«

Die Übersetzungstexte werden in drei »Levels« präsentiert. Während »Level 1« viele Vokabelangaben und Konstruktionshilfen enthält, berücksichtigt »Level 2« Hilfestellungen im normalen Umfang. »Level 3« enthält keine Konstruktionshilfen und nur sehr wenige Vokabelangaben.

Die Textausschnitte umfassen jeweils 12–18 Verse, wobei je nach Länge einige Passagen in deutscher Übersetzung angegeben sind.

Station 3 enthält Materialien zur Interpretation der lateinischen Texte. Diese gliedern sich in zwei Teile. *Teil A* beschränkt sich auf Aufgaben, die sich unmittelbar auf den übersetzten Text beziehen. Die Aufgaben aus *Teil B* weisen einen höheren Abstraktionsgrad auf und beziehen zusätzliche Materialien mit ein (z. B. Parallelstellen aus dem Werk anderer Liebeselegiker, bildliche Darstellungen, Sekundärliteratur).

Station 4 beinhaltet Anregungen zur kreativen Umsetzung der lateinischen Originaltexte. Diese reichen von Collagen und Zeichnungen über Standbilder bis zur digitalen Bearbeitung der Gedichte am Computer. Die sogenannte »Masteraufgabe« stellt eine besondere Herausforderung für leistungsstarke Schüler/innen dar.

Station 5 gibt den Schüler/innen Hinweise zur Präsentation ihrer Ergebnisse (z. B. zur Gliederung des Vortrags und Visualisierung der Ergebnisse).

Station 6 enthält die Lösungen zur Station 1, weitere Übersetzungshilfen zur Station 2 und Interpretationshilfen zur Station 3.

Darüber hinaus sollte den Lernenden in dieser Station eine »Bibliothek« mit folgenden Büchern zur Verfügung stehen (→ vom Lehrer zu organisieren!):

- *lateinisch-deutsche Wörterbücher* (z. B. Langenscheidt und Stowasser)
- *Schulgrammatik,* die die Schüler/innen aus der Spracherwerbsphase kennen
- *wissenschaftliche Grammatiken* (z. B. Rubenbauer-Hofmann und Kühner-Stegmann)
- *zweisprachige Textausgaben* der Elegien von Tibull, Properz und Ovid (z. B. Reclam oder Tusculum)
- *eine Gesamtinterpretation der Amores* (z. B. Barbara Weinlich: Ovids Amores. Gedichtfolge und Handlungsablauf)
- *weitere Standardwerke* (z. B. Manfred Fuhrmann: Geschichte der römischen Literatur; Hans-Joachim Glücklich: Compendium zur lateinischen Metrik; Hans Baumgarten: Compendium Rhetoricum; Karl-Wilhelm Weeber: Alltag im alten Rom)

Die Stationen bauen inhaltlich und methodisch aufeinander auf und sind daher **in der vorgegebenen Reihenfolge** zu bearbeiten.

Ausnahme: Die Schüler/innen können wählen, ob sie mit der Station 1 oder 2 beginnen. Dadurch soll ein »Stau« an der Anfangsstation vermieden werden.

Der Lernzirkel bietet verschiedene Möglichkeiten zur **Differenzierung:**

- **Anforderungsniveau:** Die Schüler/innen haben bei den zu übersetzenden Texten die Wahl zwischen drei »Levels«. Des Weiteren finden sie zusätzliche Konstruktions- und Vokabelhilfen an Station 6. Auch zu den Interpretationsaufgaben liegen dort Hilfen und Kontrollblätter vor. Alle Lernenden können somit ihrem Leistungsstand entsprechend gefördert und gefordert werden.
- **Inhalte und Interessen:** Die Schüler/innen können zwischen sieben lateinischen Texten nach persönlichem Interesse auswählen. Darüber hinaus stehen ihnen zahlreiche Interpretationsaufgaben und Vorschläge zur kreativen Umsetzung zur Verfügung. Es wird ihnen somit genügend Freiraum geboten, um individuelle Schwerpunkte zu setzen.
- **Lernwege und Zugangsweisen:** Die Aufgaben der Stationenarbeit sprechen verschiedene Eingangskanäle (z. B. auditiv und optisch) sowie diverse Lerntypen (analytisch, visuell und kommunikativ-kooperativ) an.
- **Unterrichts- und Sozialformen:** Die Schüler/innen haben entsprechend den Vorgaben auf den Arbeitsblättern die Wahl zwischen Einzel-, Partner- und Gruppenarbeit.

Die Anweisungen, wie eine Station bearbeitet werden soll (z. B. Zeitansatz und Sozialform), erscheint auf den Materialien in visualisierter Form als »Tablet«. Die verwendeten **Symbole** sind auf dem **Wegweiser** erklärt.

Auf dem **Laufzettel** sind die verschiedenen Stationen samt den untergliederten Aufgaben hierzu vermerkt. Die Lernenden dokumentieren durch Ankreuzen die von ihnen gewählten Themen. In einer weiteren Spalte geben die Lernenden an, in welcher Sozialform sie die entsprechenden Aufgaben bearbeitet haben. Sie haben des Weiteren noch die Möglichkeit, zu jeder einzelnen Aufgabe Lob oder Kritik zu äußern.

Die Schüler/innen müssen innerhalb von **10–12 Unterrichtsstunden** den Lernzirkel mindestens einmal komplett durchlaufen. Die ihnen anschließend noch verbleibende Zeit sollen sie dazu nutzen, weitere Materialien des Lernzirkels zu bearbeiten, z. B. Übersetzung und Interpretation eines weiteren lateinischen Originaltextes oder zweisprachige Erarbeitung und kreative Umsetzung einer weiteren Textpassage.

Während der Lernzirkelarbeit werden keine für alle verpflichtenden **Hausaufgaben** gestellt. Jeder Schüler/jede Schülerin ist selbst dafür verantwortlich, sich einen individuellen Lernplan zu erstellen und begonnene Aufgaben gegebenenfalls zuhause zu vervollständigen.

4. »Checkliste« zur Vorbereitung und Durchführung der Lernzirkelarbeit durch den Lehrer

- Kopieren Sie den Wegweiser und den Laufzettel in Klassenstärke.
- Legen Sie für die Stationen 1–5 jeweils einen Ordner an und kopieren sie die Arbeitsmaterialien in angemessener Anzahl. Zur besseren Orientierung empfiehlt es sich, jeder Station eine eigene Papierfarbe zuzuordnen.
- Kopieren Sie die Materialien der Station 6 dreifach und stellen Sie sie für die Schüler/innen in einem Ordner zur Verfügung.
- Besorgen Sie die für Station 6 benötigten Bücher.
- Besorgen Sie folgende zusätzliche Medien und Materialien, die für die Lernzirkelarbeit benötigt werden:
  - Karteikarten, Filzstifte und Briefumschläge (für Station 1.1)
  - drei internetfähige Computer für Online-Recherchen (sollten im Arbeitsraum keine Computer vorhanden sein, können die Schüler/innen die entsprechenden Aufgaben als Hausaufgabe erledigen)
  - ein CD- bzw. MP3-Player und Tonaufnahmen der folgenden drei Songs:
    - Udo Lindenberg: *Bis ans Ende der Welt* (für Station 3.2)
    - Alice Cooper: *Poison/Gift* (für Station 3.7)
    - Rammstein: *Ohne dich* (für Station 3.7)

  Alternativ können sich die Schüler/innen die Lieder auch zuhause im Internet anhören, z. B. auf *Youtube*
  - Materialien zur kreativen Umsetzung der Gedichte und zur Präsentation der Ergebnisse:
    - eine Digitalkamera
    - Schere, Papier, Kleber und Buntstifte
    - Plakate in verschiedenen Größen (für Station 4)
    - OHP-Folien mit den lateinischen Originaltexten (für Station 5)
- Achten Sie beim Aufbau des Lernzirkels darauf, dass die Stationen räumlich voneinander getrennt und jeweils mit Schildern gekennzeichnet sind (→ siehe Foto!). Alternativ ist es auch möglich, die Ordner übersichtlich auf einer Bankreihe oder Fensterbank aufzubauen. Die Schüler/innen nehmen die Materialien, die sie bearbeiten wollen, mit an ihren Arbeitsplatz und legen sie anschließend wieder in den entsprechenden Ordner zurück.
- Erklären Sie vor Beginn der Schüler/innenarbeitsphase ausführlich den Aufbau des Lernzirkels, die verwendeten Symbole und den Laufzettel. Als Hilfsmittel dazu stehen Ihnen eine schematische Übersicht des Lernzirkels und der Wegweiser zur Verfügung. Diese Materialien können gegebenenfalls zur Visualisierung Ihrer Erläuterungen auf Folie kopiert werden.
- Weisen Sie die Schüler/innen darauf hin, ihre Arbeitsergebnisse (z. B. Übersetzungen, Lösungen der Interpretationsaufgaben) übersichtlich in einer Mappe zu sammeln. Erläutern Sie in diesem Zusammenhang den Lernenden auch die Kriterien zur Bewertung der Ergebnisse.
- Legen Sie vor dem Beginn der Arbeit am Lernzirkel einen endgültigen Termin für die Abgabe der Mappen und die Abschlusspräsentationen fest.
- Kontrollieren Sie in regelmäßigen Abständen die

Ordner auf Vollständigkeit und ergänzen Sie fehlende Kopien.

- Klären Sie im Laufe der Lernzirkelarbeit mit den Schüler/innen ab, ob sie für ihre Präsentation technische Geräte benötigen (z. B. Overheadprojektor oder Beamer) und reservieren Sie diese rechtzeitig.
- Bedenken Sie die veränderte Lehrerrolle und ziehen Sie sich während der Schüler/innenarbeitsphase möglichst ganz zurück. Halten Sie die Lernenden dazu an, eventuell aufkommende Fragen untereinander zu klären. Des Weiteren sollten Sie den Schüler/innen die Möglichkeit geben, Unklarheiten in einem »Fragenspeicher« (z. B. an der Tafel) zu vermerken, der regelmäßig von Ihnen ausgewertet wird.

Möglicher Aufbau des Lernzirkels

Vorschläge zur Evaluation der Lernzirkelarbeit

Die Evaluation der Arbeit am Lernzirkel sollte im Idealfall auf zwei Ebenen geschehen:

1. Inhaltliche Evaluation

Schwerpunkt der inhaltlichen Evaluation ist die kriteriengeleitete Auswertung der in den Portfolio-Mappen gesammelten Arbeitsergebnisse samt den kreativen Umsetzungen.

Das wichtigste Bewertungskriterium ist die **fachliche Richtigkeit** der Ergebnisse, denn nur dadurch kann gewährleistet werden, dass die Lernenden fundierte und korrekte Kenntnisse zum Unterrichtsgegenstand erwerben. Bedeutsam ist auch die **Vollständigkeit der Lösungen** und die **Ausführlichkeit der Darstellung.** Diese Aspekte geben Aufschluss darüber, ob sich die Schüler/innen auf einem hohen Reflexionsniveau intensiv mit dem didaktischen Gegenstand beschäftigt haben. Im Zusammenhang mit den genannten Aspekten ist auch die **konsequente Durchführung der Selbstkontrolle** während der Lernzirkelarbeit wichtig. Ein weiteres, besonders bei den gestalterischen Aufgaben ausschlaggebendes Kriterium ist die **Ideenvielfalt und Kreativität.** Sie liefern Erkenntnisse über die personalen Kompetenzen der Schüler/innen. Auch die **sprachlichen Fähigkeiten** der Schüler/innen (korrekte Rechtschreibung, klare Formulierungen und angemessene Ausdrucksweise) und die **äußere Form der Portfolio-Mappe** (Vollständigkeit, Ordnung und Sauberkeit des Materials) sind bedeutsam.

Zusätzlich zur Auswertung der Arbeitsergebnisse in den Portfolio-Mappen kann gegebenenfalls eine Klausur (Übersetzung und Interpretation) geschrieben werden.

2. Evaluation der Unterrichtsform »Lernzirkel«

Die Analyse der Laufzettel kann einen ersten Überblick über das von den Lernenden individuell absolvierte Arbeitspensum geben und Rückschlüsse bezüglich der Konzeption des Lernzirkels ermöglichen. Die Methode »Lernzirkel« wird in Form eines **Fragebogens** ausgewertet. Im Rahmen dieser anonymen Meinungsumfrage wird auch der sozial-kommunikative und affektive Bereich evaluiert.

Es hat sich bewährt, einen **Kompromiss zwischen der standardisierten und nicht standardisierten Fragebogenform** zu wählen.

Die Schüler/innen erhalten **geschlossene** Fragen, die sie mithilfe folgender Skala beantworten sollen:

++	+	o	–	– –
sehr gut	**gut**	**in Ordnung**	**eher schlecht**	**schlecht**

Die Fragen können sich beispielsweise auf folgende Aspekte der Lernzirkelarbeit beziehen:

- Struktur des Lernzirkels,
- Verständlichkeit der Aufgaben,
- Vielfalt der Auswahlmöglichkeiten an den einzelnen Stationen,
- Nutzen der Hilfestation und der differenzierenden Maßnahmen,
- Unterrichtsatmosphäre während der Arbeit am Lernzirkel.

Die letzten Fragen sollten **offen** gestellt werden. Sie ermöglichen den Lernenden, ein Fazit zur Arbeit am Lernzirkel zu ziehen und Lob bzw. Kritik zu äußern. Vorschläge für offene Fragen:

- Welche Aufgabentypen hättest du dir noch gewünscht?
- Wie beurteilst du deinen Lernfortschritt im Vergleich zum »normalen« Unterricht?
- Wie lautet dein abschließendes Gesamturteil zum Lernzirkel?

Wegweiser durch den Lernzirkel

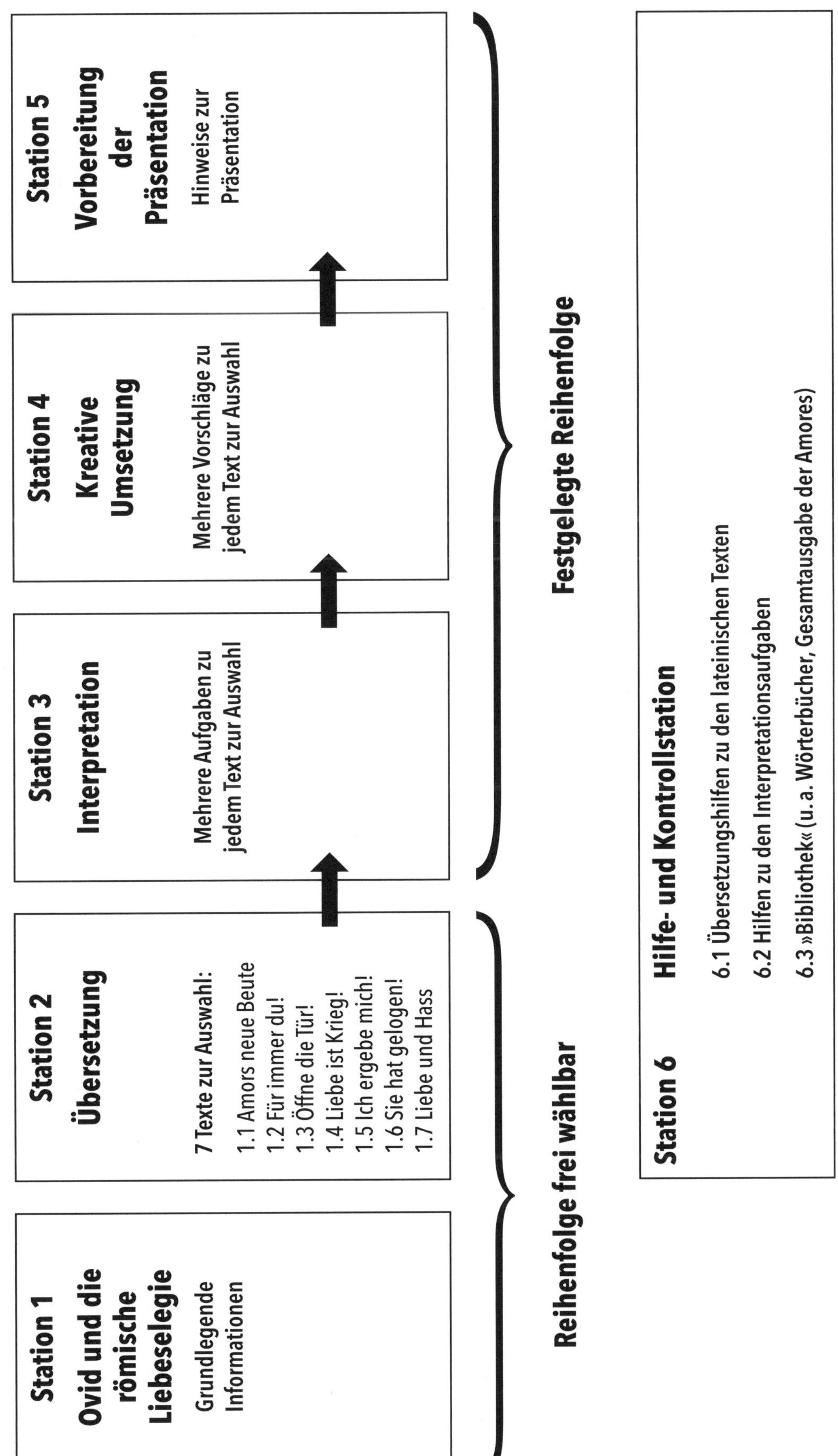

Wegweiser durch den Lernzirkel

Der Lernzirkel besteht aus insgesamt **fünf Arbeitsstationen** und einer **Hilfe- und Kontrollstation.** Die **Arbeitsstationen** gliedern sich wie folgt (→ vgl. Laufzettel!):

Station 1: Ovid und die römische Liebeselegie
Station 2: Übersetzung: Verschiedene Textstellen aus den *Amores* (Übersetze mindestens eine!)
Station 3: Interpretation: Aufgaben zu den einzelnen Textstellen
Station 4: Aufgaben zur kreativen Umsetzung der Texte
Station 5: Vorbereitung der Ergebnispräsentation

Die **Hilfe- und Kontrollstation (Station 6)** beinhaltet

- zusätzliche Übersetzungshilfen zu den lateinischen Texten
- Hilfen zu den Interpretationsaufgaben
- Nachschlagewerke, Wörterbücher und einen Gesamttext der *Amores* (Bibliothek)

Du hast die **Freiheit,**

- dir deine Arbeitszeit frei einzuteilen und Hausaufgaben selbst zu stellen.
- dir selbst auszusuchen, ob du zuerst Station 1 oder Station 2 bearbeiten willst.
- dir aus verschiedenen Aufgaben und Texten ein eigenes Programm zusammenzustellen.
- allein oder mit Mitschüler/innen zusammen zu arbeiten (je nach Angaben an den Stationen).
- über das Pflichtprogramm hinaus zusätzliche Texte zu übersetzen oder nur auf Deutsch zu lesen (→ Station 6: Hilfe und Kontrolle).
- weitere Stationen deiner Wahl zu bearbeiten, wenn du noch Zeit hast.

Du hast die **Pflicht,**

- alle Stationen des Lernzirkels in einem Zeitraum von zehn Unterrichtsstunden mindestens einmal zu durchlaufen.
- die Stationen 2 (Übersetzung), 3 (Interpretation), 4 (Kreative Umsetzung) und 5 (Vorbereitung der Präsentation) in der vorgegebenen Reihenfolge zu bearbeiten.
- mindestens eine von dir übersetzte Textpassage zu interpretieren und kreativ umzusetzen.
- auf dem Laufzettel korrekt und sauber einzutragen, welche Stationen du in welcher Sozialform bearbeitet hast. Du kannst zu der Station auch Lob und Kritik äußern!
- die Selbstkontrolle gewissenhaft durchzuführen und deine Lösungen zu korrigieren.
- die zur Verfügung gestellten Materialien sorgfältig zu behandeln und durch Ordnung und Ruhe für eine produktive Arbeitsatmosphäre zu sorgen.

Sollten während der Arbeit Fragen oder Probleme auftreten, kannst du deine Mitschüler/innen oder die Lehrkraft um Rat fragen oder die Unklarheiten im »Fragenspeicher« (→ Tafel) notieren!

Die Symbole des Lernzirkels

Einzelarbeit

Partnerarbeit

Gruppenarbeit

maximale Zeit zur Bearbeitung der gesamten Station (z. B. zwei Schulstunden)

Kopien entnehmen (jede Schülerin/jeder Schüler), schriftlich bearbeiten und im eigenen Ordner abheften

Level

Gilt für die Textblätter der Übersetzungsstation:

leicht (zusätzliche Vokabel- und Konstruktionshilfen)

mittel (Hilfestellungen im normalen Umfang)

schwer (nur wenige Vokabeln sind angegeben)

Für diesen Text sind weitere Hilfen an Station 6 verfügbar

Für diese Aufgabe benötigt man die deutsch-lateinische Lektüreausgabe der *Amores* (→ Bibliothek an Station 6)

Zu dieser Aufgabe gehört eine Audio-CD

Diese Station enthält eine Aufgabe, die am Computer/im Internet bearbeitet wird

Laufzettel zu Ovids *Amores*

Name: ______________________________

Station	**Inhalt**	**erledigt**	**Sozialform (EA/PA/GA)**	**Lob/Kritik**
Station 1: Ovid und die römische Liebeselegie	1: Infotext und Aufgaben 2: Multiple-Choice-Quiz 3: Internetrecherche	☐ ☐ ☐		
Station 2: Übersetzung	1: Amors neue Beute a) Level 1 b) Level 2 c) Level 3 2: Für immer du! a) Level 1 b) Level 2 c) Level 3 3: Öffne die Tür! a) Level 1 b) Level 2 c) Level 3 4: Liebe ist Krieg! a) Level 1 b) Level 2 c) Level 3 5: Ich ergebe mich! a) Level 1 b) Level 2 c) Level 3 6: Sie hat gelogen! a) Level 1 b) Level 2 c) Level 3 7: Liebe und Hass a) Level 1 b) Level 2 c) Level 3	 ☐ ☐ ☐ ☐ ☐ ☐ ☐ ☐ ☐ ☐ ☐ ☐ ☐ ☐ ☐ ☐ ☐ ☐ ☐ ☐ ☐		

Station	Inhalt	erledigt	Sozialform (EA/PA/GA)	Lob/Kritik
Station 3: Interpretation	1: Amors neue Beute Teil A: a) Gliederung b) Stilistik Teil B: a) Geteiltes Leid b) Kompliziert c) Amors Triumphzug 2: Für immer du! Teil A: a) Gliederung b) Stilistik Teil B: a) Bis dass der Tod … b) Verkehrte Welt? c) Ich bin so verliebt! 3: Öffne die Tür! Teil A: a) Gliederung b) Stilistik Teil B: a) Lass mich zu dir! b) Tibulls Klage c) Moderne Kunst 4: Liebe ist Krieg! Teil A: a) Gliederung b) Stilistik Teil B: a) Tipps vom Profi b) Der Liebessoldat c) Treffender Vergleich 5: Ich ergebe mich! Teil A: a) Gliederung b) Stilistik Teil B: a) Leben ohne Liebe? b) Kompliziert c) Cupido im Comic 6: Sie hat gelogen! Teil A: a) Gliederung b) Stilistik Teil B: a) Eine Lüge kommt … b) Ehrlichkeit schadet? c) Was ist »schön«? 7: Liebe und Hass Teil A: a) Gliederung b) Stilistik Teil B: a) Ich war ein Narr b) Keine Ausnahme c) Ovid in den Charts?	☐ ☐ ☐ ☐ ☐ ☐ ☐ ☐ ☐ ☐ ☐ ☐ ☐ ☐ ☐ ☐ ☐ ☐ ☐ ☐ ☐ ☐ ☐ ☐ ☐ ☐ ☐ ☐ ☐ ☐ ☐ ☐ ☐ ☐ ☐		

Station	**Inhalt**	**erledigt**	**Sozialform (EA/PA/GA)**	**Lob/Kritik**
Station 4: Kreative Umsetzung	1: Amors neue Beute a) Tagebucheintrag b) Streitgespräch c) Zeichnung/Collage d) »Masteraufgabe« 2: Für immer du! a) Songtext b) Dialog c) Standbilder d) »Masteraufgabe« 3: Öffne die Tür! a) Gedicht b) Szenisches Spiel c) Zeichnung d) »Masteraufgabe« 4: Liebe ist Krieg! a) Standbilder b) Comic c) Katalog/Plakat d) »Masteraufgabe« 5: Ich ergebe mich! a) Moderne Version b) Collage c) Bittbrief d) »Masteraufgabe« 6: Sie hat gelogen! a) Dialog b) Antwortplakat c) Zeichnung/Collage d) »Masteraufgabe« 7: Liebe und Hass a) Gedicht b) Collage c) Trostbrief d) »Masteraufgabe«	 ☐ ☐ ☐ ☐ ☐ ☐ ☐ ☐ ☐ ☐ ☐ ☐ ☐ ☐ ☐ ☐ ☐ ☐ ☐ ☐ ☐ ☐ ☐ ☐ ☐ ☐ ☐ ☐		
Station 5: Vorbereitung der Präsentation	Hinweise und Visualisierungshilfen	☐		

Station 1.1 Infotext und Aufgaben

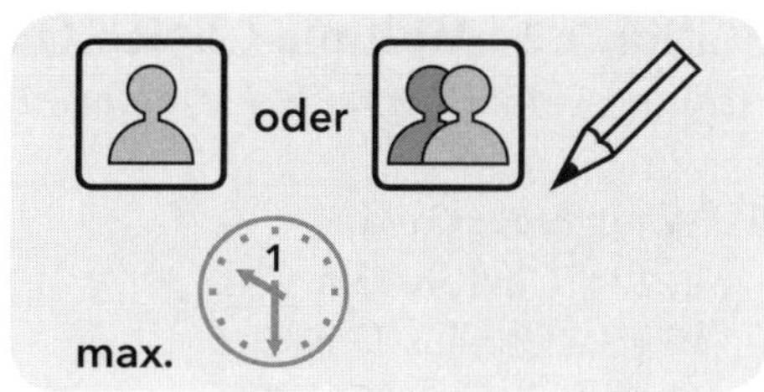

Publius Ovidius Naso wurde im Jahre 43 v. Chr. in Sulmo geboren.

Sein Vater war ein wohlhabender Angehöriger des Ritterstandes. Auf dessen Wunsch schlug Ovid die römische Ämterlaufbahn ein, brach diese allerdings bald ab und widmete sich der Dichtung. Er heiratete bereits früh, seine beiden ersten Ehen wurden jedoch schon nach kurzer Zeit geschieden. Mit seiner dritten Frau blieb er bis zum Tod verheiratet.

Im Jahre 8 n. Chr. wurde Ovid auf Beschluss des Kaisers Augustus nach Tomi am Schwarzen Meer verbannt. Ovid selbst gibt an, ein »Gedicht« und ein »Irrtum« *(carmen et error)* seien die Ursachen für sein Exil gewesen. Mit dem »Gedicht« ist die *Ars amatoria* gemeint, die Augustus missfiel, da ihm viel an den traditionellen Werten der römischen Ehe und Familie lag. Die Hintergründe des »Irrtums« konnten bis heute nicht vollständig aufgeklärt werden. In der Forschung wird zumeist vermutet, dass Ovid Mitwisser der Ehebruchsaffäre von Augustus' Enkelin Iulia war. Ovid versuchte viele Jahre lang seine Rückberufung nach Rom zu erreichen, sein Bestreben blieb jedoch zeitlebens ohne Erfolg. So starb er, vermutlich im Jahre 17 n. Chr., in der Verbannung.

Ovid zählt neben *Properz* (ca. 50–15 v. Chr.) und *Tibull* (ca. 50–19 v. Chr.) zu den drei großen Elegikern Roms. Der Gedichttyp »Elegie« entstand bereits um die Wende zum 7. Jahrhundert v. Chr. im griechischen Sprachraum und stellt einen Kontrast zum Epos dar. Während das Epos – wie z. B. die *Aeneis* von *Vergil* – im Versmaß des Hexameters meist Heldentaten schildert und die Person des Autors hinter den Protagonisten zurücktritt, steht der Dichter in der im Distichon verfassten Elegie im Mittelpunkt und äußert offen seine Gedanken und Meinungen zu bestimmten Themen. Diese Subjektivität ist ein wichtiges Merkmal der Elegie. Im griechischen Sprachraum waren die Inhalte der elegischen Dichtung recht vielfältig (z. B. Grabinschriften, Lebensweisheiten, mythische Erzählungen). Während die Liebe in der griechischen Elegie selten das Hauptthema des Gedichtes war, steht diese bei den römischen Elegikern im Mittelpunkt. So berichtet Ovid in seinen *Amores,* die zwischen 20 und 15 v. Chr. entstanden sind, von der Liebe zu Corinna. Charakteristisch dabei ist das Leiden des Dichters aufgrund der Liebesbeziehung, die ihm mehr Enttäuschung als Erfüllung seiner Wünsche bringt. Interessant ist, dass in der Elegie das Rollenverständnis von Frau und Mann in direktem Gegensatz zur Realität im antiken Rom steht: Die römische Ehefrau befand sich in einem Abhängigkeitsverhältnis zu ihrem Mann. Während die Männer im Mittelpunkt der Gesellschaft standen und den öffentlichen Tätigkeiten als Politiker, Soldat, Anwalt etc. den Vorrang vor dem Privaten einräumten, hatten sich die Frauen insbesondere um den Nachwuchs und den Haushalt zu kümmern. Die Elegiker setzten in ihrer Dichtung diese antike Geschlechterordnung außer Kraft und ordneten ihr gesamtes Leben ihrer Geliebten unter. In den elegischen Gedichten – wie beispielsweise den *Amores* – entstand dadurch eine fiktive Gegenwelt jenseits der gesellschaftlichen Normen.

Doch wie verhielt sich der Liebhaber zu seiner Geliebten? Wie gestaltete sich das Liebesverhältnis? – Das werdet ihr in den nächsten Stunden erfahren.

Bearbeite einen der folgenden Arbeitsaufträge zum Infotext:

a) Verfasse für das Vorwort einer Schüler/innen-Lektüreausgabe zu den *Amores* einen kurzen Informationstext (ca. ½ Seite) über Ovid und die römische Liebeselegie.

b) Bearbeite das beiliegende Multiple-Choice-Quiz! Kontrolliere anschließend deine Antworten mit dem Lösungsblatt (→ Station 6). *Wiederhole das Quiz, falls du mehr als zwei Fragen falsch beantwortet hast.*

c) Entwickle mithilfe der beiliegenden Karteikarten selbst ein Frage-Antwort-Quiz zu Ovid und der römischen Liebeselegie (5–6 Fragen) und tausche es mit anderen aus. (→ Briefumschläge)

Station 1.2 Multiple-Choice-Quiz

Achtung: Teilweise sind mehrere Antworten korrekt!

1) **Wann lebte Ovid?**
   a) 17 v. Chr. bis 43 n. Chr. ☐
   b) 43 v. Chr. bis 17 n. Chr. ☐
   c) 43 v. Chr. bis 17 v. Chr. ☐

2) **Wieso wurde Ovid nach Tomi verbannt?**
   a) Er beging mit Iulia, der Enkelin der Augustus, Ehebruch. ☐
   b) Er geriet durch die Abfassung der *Ars amatoria* bei Augustus in Ungnade. ☐
   c) Er brach die Ämterlaufbahn ab. ☐

3) **Welche beiden Dichter zählten neben Ovid zu den großen Elegikern Roms?**
   a) Vergil und Tibull ☐
   b) Martial und Properz ☐
   c) Tibull und Properz ☐

4) **Wie unterscheidet sich die Elegie vom Epos?**
   a) Die Elegie ist im Distichon verfasst, das Epos im Hexameter. ☐
   b) Die Elegie betont im Gegensatz zum Epos das subjektive Empfinden des Autors. ☐
   c) Das Epos taucht nur im griechischen Sprachraum auf. ☐

5) **Was ist charakteristisch für die römische Elegie?**
   a) Hauptthema ist stets das Liebesglück des Dichters. ☐
   b) Das Rollenverständnis von Mann und Frau wird in der Dichtung umgekehrt. ☐
   c) Der Dichter errichtet eine fiktive Gegenwelt jenseits der antiken Moralverstellung. ☐

6) **Wie heißt die Geliebte in Ovids *Amores?***
   a) Claudia ☐
   b) Cornelia ☐
   c) Corinna ☐

7) **Wo und unter welchen Umständen starb Ovid?**
   a) Er wurde in Rom von Anhängern des Augustus ermordet. ☐
   b) Er beging im Exil in Tomi Selbstmord. ☐
   c) Er starb im Exil in Tomi. Die Todesursache ist nicht näher bekannt. ☐

Station 1.3 Ovid und die römische Liebeselegie

Internetrecherche

Bearbeite in Form einer Internetrecherche die folgenden Arbeitsaufträge.
Stichpunkte genügen!
Überprüfe anschließend deine Ergebnisse an der Hilfe- und Kontrollstation!
(→ Station 6)

1. Verfasse einen kurzen Lebenslauf Ovids.

2. Nenne charakteristische Merkmale der römischen Liebeselegie.

3. Vergleiche die literarischen Gattungen »Elegie« und »Epos«. Nenne die wichtigsten Unterschiede.

Tipp: Falls du keine geeigneten Internetseiten findest, benutze folgende Links:
http://www.kirke.hu-berlin.de/ovid/start.html
http://www.bunse-latein.de/Latein-Homepage/Literatur/liebeselegie.htm

Station 2.1 Übersetzung: *Amors neue Beute*

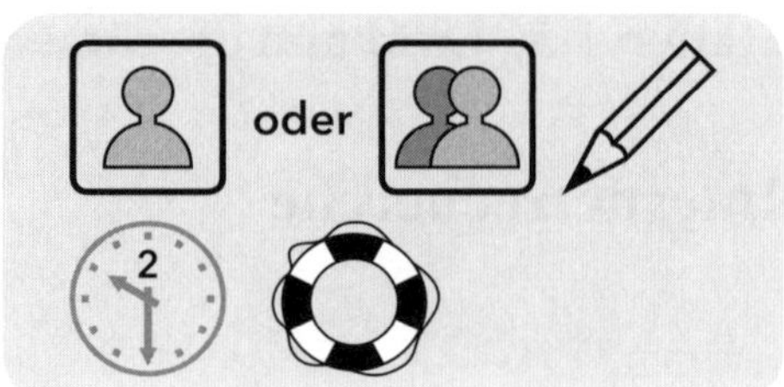

Level ●

Ovid *Amores* I,2: V. 1–10 und V. 17–20

1 Esse quid hoc dicam[1], quod[2] tam mihi dura videntur
2 strata[3], neque in lecto pallia[4] nostra[5] sedent,
3 et vacuus somno[6] noctem, quam longa, peregi[7],
4 lassaque[8] versati[9] corporis ossa dolent?
5 Nam – puto – sentirem, si quo temptarer[10] amore[11].
6 An subit et tecta[12] callidus[13] arte nocet?
7 Sic erit: haeserunt tenues in corde sagittae,
8 et possessa ferus pectora versat Amor.
9 Cedimus, an subitum[14] luctando[15] accendimus[16] ignem?
10 Cedamus! Leve fit, quod bene fertur, onus.
[…]
17 Acrius invitos multoque ferocius urget
18 quam qui servitium ferre fatentur Amor.[17]
19 En[18] ego confiteor[19]! Tua sum nova praeda, Cupido;
20 porrigimus victas ad tua iura[20] manus.

strata/pallia: Nom. Pl.

ossa: Nom. Pl. v. *os, ossis n.*

quo = aliquo

cedimus / **cedamus**: *übersetze in der 1. Pers. Sing.*

porrigimus: *übersetze in der 1. Pers. Sing.*

Ralph Ehrenreich, Schlafender Liebhaber, 2014

1 **esse quid hoc dicam:** *übersetze:* Was soll ich sagen, was es bedeuten mag, …
2 **quod** – dass *(faktisches quod)*
3 **stratum,** -i n. – Lager, Matratze
4 **pallium,** -i n. – (Bett-)Decke
5 **nostra:** *entspricht* mea
6 **vacuus somno** – *hier:* schlaflos
7 **peragere,** perago, peregi, peractum – *hier:* verbringen
8 **lassus,** -a, -um – matt, müde
9 **versare,** -o, -vi, -tum – (hin und her) wälzen
10 **temptare,** -o, -vi, -tum – *hier:* in Versuchung führen, heimsuchen
11 **amor,** amoris m. – *hier:* Liebesgott
12 **tectus,** -a, -um – versteckt, heimlich
13 **callidus,** -a, -um – schlau, verschlagen, tückisch
14 **subitus,** -a, -um – plötzlich, unvermutet
15 **luctando** – durch Kämpfen
16 **accendere,** accendo, accendi, accensum – glühend machen, anfeuern
17 **V. 17/18:** *Amor bedrängt die Unwilligen viel wilder und heftiger als solche, die bekennen, dass sie die Knechtschaft auf sich nehmen.*
18 **en** – siehe, seht
19 **confiteri,** confiteor, confessus sum – eingestehen, zugestehen
20 **ius,** iuris n. – *hier:* Befehl, Gewalt

Station 2.1 Übersetzung: *Amors neue Beute*

Level ●●

Ovid *Amores* I,2: V. 1–10 und V. 17–20

1 Esse quid hoc dicam, quod[1] tam mihi dura videntur
2 strata[2], neque in lecto pallia[3] nostra[4] sedent,
3 et vacuus somno noctem, quam longa, peregi[5],
4 lassaque[6] versati[7] corporis ossa dolent?
5 Nam – puto – sentirem, si quo temptarer[8] amore[9].
6 An subit et tecta[10] callidus arte nocet?
7 Sic erit: haeserunt tenues in corde sagittae,
8 et possessa ferus pectora versat Amor.
9 Cedimus, an subitum[11] luctando[12] accendimus[13] ignem?
10 Cedamus! Leve fit, quod bene fertur, onus.
[…]
17 Acrius invitos multoque ferocius urget
18 quam qui servitium ferre fatentur Amor.[14]
19 En[15] ego confiteor! Tua sum nova praeda, Cupido;
20 porrigimus victas ad tua iura[16] manus.

cedimus, **cedamus**: *übersetze in der 1. Pers. Sing.*

porrigimus: *übersetze in der 1. Pers. Sing.*

Ralph Ehrenreich, Schlafender Liebhaber, 2014

1 **quod** – dass *(faktisches quod)*
2 **stratum,** -i n. – Polster, Matratze
3 **pallium,** -i n. – (Bett-)Decke
4 **nostra:** *entspricht* mea
5 **peragere,** perago, peregi, peractum – *hier:* verbringen
6 **lassus,** -a, -um – matt, müde
7 **versare,** -o, -vi, -tum – (hin und her) wälzen
8 **temptare,** -o, -vi, -tum – *hier:* in Versuchung führen, heimsuchen
9 **amor,** amoris m. – *hier:* Liebesgott
10 **tectus,** -a, -um – versteckt, heimlich
11 **subitus,** -a, -um – plötzlich, unvermutet
12 **luctari, -or, -tus sum** – kämpfen, ringen
13 **accendere,** accendo, accendi, accensum – glühend machen, anfeuern
14 **V. 17/18:** *Amor bedrängt die Unwilligen viel wilder und heftiger als solche, die bekennen, dass sie die Knechtschaft auf sich nehmen.*
15 **en** – siehe, seht
16 **ius,** iuris n. – *hier:* Befehl, Gewalt

Station 2.1 Übersetzung: *Amors neue Beute*

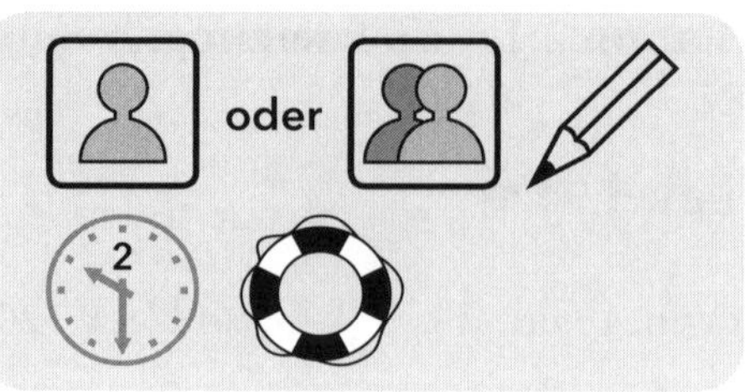

Level ●●●

Ovid *Amores* I,2: V. 1–10 und V. 17–20

1 Esse quid hoc dicam, quod tam mihi dura videntur
2 strata[1], neque in lecto pallia[2] nostra sedent,
3 et vacuus somno noctem, quam longa, peregi,
4 lassaque[3] versati[4] corporis ossa dolent?
5 Nam – puto – sentirem, si quo temptarer[5] amore[6].
6 An subit et tecta callidus arte nocet?
7 Sic erit: haeserunt tenues in corde sagittae,
8 et possessa ferus pectora versat Amor.
9 Cedimus, an subitum luctando accendimus[7] ignem?
10 Cedamus! Leve fit, quod bene fertur, onus.
[…]
17 Acrius invitos multoque ferocius urget
18 quam qui servitium ferre fatentur Amor.[8]
19 En[9] ego confiteor! Tua sum nova praeda, Cupido;
20 porrigimus victas ad tua iura manus.

Ralph Ehrenreich, Schlafender Liebhaber, 2014

1 **stratum,** -i n. – Polster, Matratze
2 **pallium,** -i n. – (Bett-)Decke
3 **lassus,** -a, -um – matt, müde
4 **versare,** -o, -vi, -tum – (hin und her) wälzen
5 **temptare,** -o, -vi, -tum – *hier:* in Versuchung führen, heimsuchen
6 **amor,** amoris m. – *hier:* Liebesgott
7 **accendere,** accendo, accendi, accensum – glühend machen, anfeuern
8 **V. 17/18:** *Amor bedrängt die Unwilligen viel wilder und heftiger als solche, die bekennen, dass sie die Knechtschaft auf sich nehmen.*
9 **en** – siehe, seht

Station 2.2 Übersetzung: *Für immer du!*

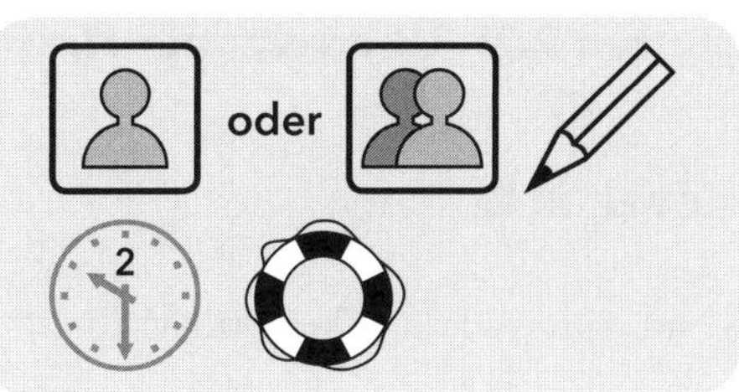

Level ●

Ovid *Amores* I,3: V. 1–6 und V. 15–20

Iusta precor[1]: quae me nuper praedata[2] puella est,
aut amet aut faciat, cur ego semper amem!
A, nimium[3] volui! – Tantum patiatur amari;
audierit[4] nostras tot Cytherea[5] preces[6]!
Accipe, per longos tibi qui deserviat[7] annos;
accipe, qui pura norit[8] amare fide!
[…]
Non mihi mille placent, non sum desultor[9] amoris:
tu mihi, si qua fides, cura perennis[10] eris.
Tecum, quos dederint annos mihi fila[11] sororum[12],
vivere contingat[13] teque dolente mori!
Te mihi materiem felicem[14] in[15] carmina praebe[16]!
Provenient[17] causa[18] carmina digna[19] sua.

ordne: ***puella, quae me nuper praedata*** **est, aut amet aut faciat, …**

accipe (me), qui per longos …

qua = aliqua

ordne: **tecum annos, quos fila sororum mihi dederint, vivere contingat …**

te dolente: Abl. abs.

1 **precari,** precor, precatus sum – bitten
2 **praedari,** -or, -tus sum – erbeuten
3 **nimius,** -a, -um – zu viel
4 **audierit** = audiat
5 **Cytherea,** -ae f. – Venus
6 **prex,** precis f. – Bitte
7 **deservire,** deservio, deservii – treu dienen, eifrig dienen
8 **norit** = noverit (→ *novisse)*
9 **desultor,** -is m. – *hier:* Unbeständiger
10 **perennis,** -e – ewig
11 **filum,** -i n. – Faden
12 **soror,** -oris f. – Schwester *(gemeint sind hier die Schicksalsgöttinnen, die den Lebensfaden eines jeden Menschen spinnen und zerschneiden)*
13 **contingat** (*ergänze:* mihi) – es möge mir zuteil werden
14 **felix,** felicis: *hier:* fruchtbar, ergiebig
15 **in** – *hier:* für
16 **praebere,** praebui, praebitum *(+ doppelter Akkusativ)* – (etwas/jemand) darbieten (als)
17 **provenire,** provenio, proveni, proventum – entstehen
18 **causa** – *hier:* Anlass
19 **dignus,** -a, -um: *steht mit Ablativ*

Station 2.2 Übersetzung: *Für immer du!*

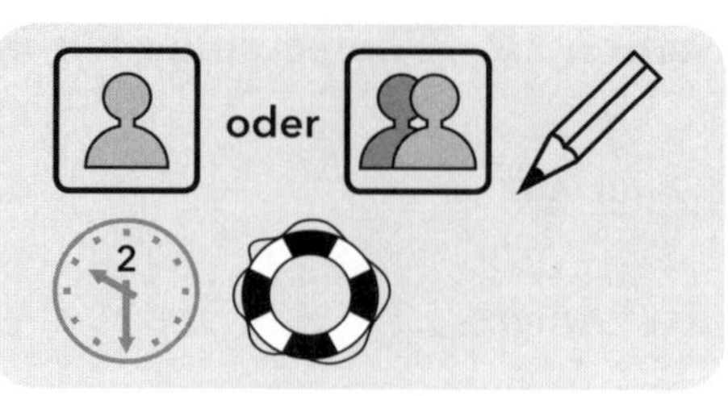

Level ●●

Ovid *Amores* I,3: V. 1–6 und V. 15–20

Iusta precor: quae me nuper praedata[1] puella est,
aut amet aut faciat, cur ego semper amem!
A, nimium volui! – Tantum patiatur amari;
audierit[2] nostras tot Cytherea[3] preces[4]!
Accipe, per longos tibi qui deserviat annos;
accipe, qui pura norit[5] amare fide!
[…]
Non mihi mille placent, non sum desultor[6] amoris:
tu mihi, si qua fides, cura perennis eris.
Tecum, quos dederint annos mihi fila[7] sororum[8],
vivere contingat[9] teque dolente mori!
Te mihi materiem felicem[10] in[11] carmina praebe[12]!
Provenient causa[13] carmina digna sua.

ordne: ***puella, quae me nuper praedata est, aut amet aut faciat, …***

ordne: **tecum annos, quos fila sororum mihi dederint, vivere contingat …**

1 **praedari,** -or, -tus sum – erbeuten
2 **audierit** = audiat
3 **Cytherea,** -ae f. – Venus
4 **prex,** precis f. – Bitte
5 **norit** = noverit *(→ novisse)*
6 **desultor,** -is m. – *hier:* Unbeständiger
7 **filum,** -i n. – Faden
8 **soror,** -oris f. – Schwester *(gemeint sind hier die Schicksalsgöttinnen, die den Lebensfaden eines jeden Menschen spinnen und zerschneiden)*
9 **contingat** *(ergänze:* mihi) – es möge mir zuteil werden
10 **felix,** felicis: *hier:* fruchtbar, ergiebig
11 **in** – *hier:* für
12 **praebere,** praebui, praebitum *(+ doppelter Akkusativ)* – (etwas/jemand) darbieten (als)
13 **causa** – *hier:* Anlass

Station 2.2 Übersetzung: *Für immer du!*

Level ●●●

Ovid *Amores* I,3: V. 1–6 und V. 15–20

Iusta precor: quae me nuper praedata[1] puella est,
aut amet aut faciat, cur ego semper amem!
A, nimium volui! – Tantum patiatur amari;
audierit[2] nostras tot Cytherea[3] preces[4]!
Accipe, per longos tibi qui deserviat annos;
accipe, qui pura norit[5] amare fide!
[…]
Non mihi mille placent, non sum desultor[6] amoris:
tu mihi, si qua fides, cura perennis eris.
Tecum, quos dederint annos mihi fila[7] sororum[8],
vivere contingat[9] teque dolente mori!
Te mihi materiem felicem in carmina praebe!
Provenient causa[10] carmina digna sua.

---

1 **praedari,** -or, -tus sum – erbeuten
2 **audierit** = audiat
3 **Cytherea,** -ae f. – Venus
4 **prex,** precis f. – Bitte
5 **norit** = noverit *(→ novisse)*
6 **desultor,** -is m. – *hier:* Unbeständiger
7 **filum,** -i n. – Faden
8 **soror,** -oris f. – Schwester *(gemeint sind hier die Schicksalsgöttinnen, die den Lebensfaden eines jeden Menschen spinnen und zerschneiden)*
9 **contingat** (*ergänze:* mihi) – es möge mir zuteil werden
10 **causa** – *hier:* Anlass

Station 2.3 Übersetzung: *Öffne die Tür!*

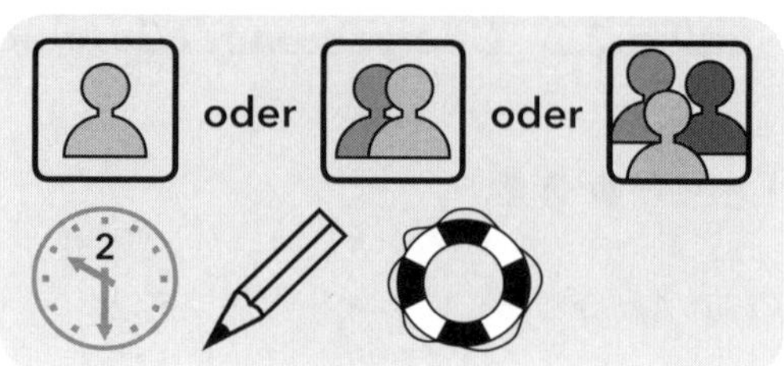

Level ●

Ovid *Amores* I,6: V. 1–18

Ianitor[1] – indignum! – dura religate[2] catena,
difficilem moto cardine[3] pande[4] forem[5]!
Quod precor, exiguum est: aditu fac ianua parvo
obliquum capiat semiadaperta latus!
Longus amor tales corpus tenuavit in usus
aptaque subducto pondere membra dedit.[6]
Ille per excubias[7] custodum leniter ire
monstrat: inoffensos[8] derigit[9] ille pedes.
At quondam noctem simulacraque[10] vana timebam;
mirabar, tenebris quisquis iturus erat.
Risit, ut audirem, tenera cum matre Cupido
et leviter »fies tu quoque fortis« ait.
Nec mora, venit amor – non umbras nocte volantes,
non timeo strictas in mea fata manus.
Te nimium lentum timeo, tibi blandior uni.[11]
Tu, me quo possis perdere[12], fulmen[13] habes.
Adspice – uti videas, inmitia[14] claustra[15] relaxa –
uda sit ut lacrimis ianua facta meis!

ianitor: Vokativ

moto cardine: Abl. abs.

ille: *gemeint ist amor (V. 5)*

ordne: **tu fulmen habes, quo me perdere possis**

---

1 **ianitor,** -oris m. – Türwächter
2 **religatus,** -a, -um – *hier:* gefesselt (*Vokativ! – bezieht sich auf* ianitor)
3 **cardo,** cardinis m. – Türangel
4 **pandere,** pando, pandi, pansum – öffnen, auftun
5 **foris,** -is f. – Tür
6 **V. 3–6:** *Was ich erbitte ist wenig: Sieh zu, dass die halb geöffnete Tür durch einen schmalen Eingang meinen seitwärts gerichteten Körper aufnimmt! Lange Liebe machte meinen Körper für solche Zwecke dünn und gab mir durch das Verringern des Gewichtes dafür geeignete Glieder.*
7 **excubiae,** -arum f. – Wachen, Wachehalten
8 **inoffensus,** -a, -um – unangestoßen
9 **derigere = dirigere,** dirigo, direxi, directum – lenken
10 **simulacrum,** -i n. – *hier:* Gespenst
11 **V. 13–15:** *Ohne Aufschub kam die Liebe: Nicht fürchte ich in der Nacht umherfliegende Schatten, nicht die Hände, die mir nach dem Leben trachten. Nur dich, allzu sturen Wächter, fürchte ich, dir allein schmeichle ich.*
12 **perdere,** perdo, perdidi, perditum – zugrunde richten, vernichten
13 **fulmen,** fulminis n. – Blitzstrahl, Blitz
14 **inmitis,** -e – gnadenlos
15 **claustrum,** -i n. – Verschluss, Riegel

Station 2.3 Übersetzung: *Öffne die Tür!*

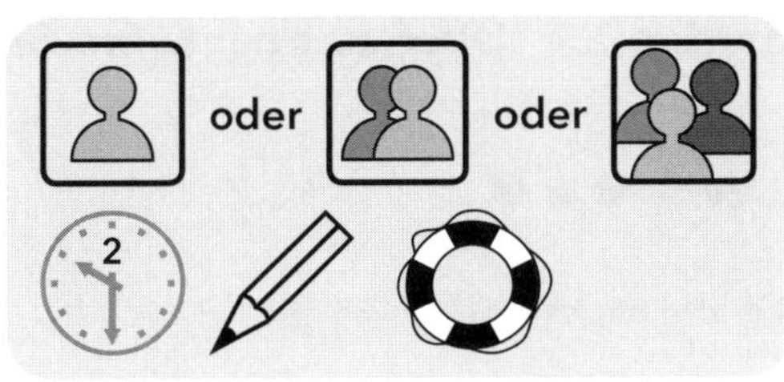

Level ●●

Ovid *Amores* I,6: V. 1–18

Ianitor[1] – indignum! – dura religate[2] catena,
difficilem moto cardine[3] pande[4] forem!
Quod precor, exiguum est: aditu fac ianua parvo
obliquum capiat semiadaperta latus!
Longus amor tales corpus tenuavit in usus
aptaque subducto pondere membra dedit.[5]
Ille per excubias[6] custodum leniter ire
monstrat: inoffensos[7] derigit[8] ille pedes.
At quondam noctem simulacraque[9] vana timebam;
mirabar, tenebris quisquis iturus erat.
Risit, ut audirem, tenera cum matre Cupido
et leviter »fies tu quoque fortis« ait.
Nec mora, venit amor – non umbras nocte volantes,
non timeo strictas in mea fata manus.
Te nimium lentum timeo, tibi blandior uni.[10]
Tu, me quo possis perdere, fulmen habes.
Adspice – uti videas, inmitia claustra[11] relaxa[12] –
uda sit ut lacrimis ianua facta meis!

ianitor: Vokativ

ordne: **tu fulmen habes, quo me perdere possis**

1 **ianitor,** -oris m. – Türwächter
2 **religatus,** -a, -um – *hier:* gefesselt (*Vokativ! – bezieht sich auf* ianitor)
3 **cardo,** cardinis m. – Türangel
4 **pandere,** pando, pandi, pansum – öffnen, auftun
5 **V. 3–6:** *Was ich erbitte ist wenig: Sieh zu, dass die halb geöffnete Tür durch einen schmalen Eingang meinen seitwärts gerichteten Körper aufnimmt! Lange Liebe machte meinen Körper für solche Zwecke dünn und gab mir durch das Verringern des Gewichtes dafür geeignete Glieder.*
6 **excubiae,** -arum f. – Wachen, Wachehalten
7 **inoffensus,** -a, -um – unangestoßen
8 **derigere = dirigere,** dirigo, direxi, directum – lenken
9 **simulacrum,** -i n. – *hier:* Gespenst
10 **V. 13–14:** *Ohne Aufschub kam die Liebe: Nicht fürchte ich in der Nacht umherfliegende Schatten, nicht die Hände, die mir nach dem Leben trachten. Nur dich, allzu sturen Wächter, fürchte ich, dir allein schmeichle ich.*
11 **claustrum,** -i n. – Verschluss, Riegel
12 **relaxare,** -o, -vi, -tum – lockern

Station 2.3 Übersetzung: *Öffne die Tür!*

Level ●●●

Ovid *Amores* I,6: V. 1–18

Ianitor[1] – indignum! – dura religate[2] catena,
difficilem moto cardine[3] pande forem!
Quod precor, exiguum est: aditu fac ianua parvo
obliquum capiat semiadaperta latus!
Longus amor tales corpus tenuavit in usus
aptaque subducto pondere membra dedit.[4]
Ille per excubias[5] custodum leniter ire
monstrat: inoffensos derigit[6] ille pedes.
At quondam noctem simulacraque[7] vana timebam;
mirabar, tenebris quisquis iturus erat.
Risit, ut audirem, tenera cum matre Cupido
et leviter »fies tu quoque fortis« ait.
Nec mora, venit amor – non umbras nocte volantes,
non timeo strictas in mea fata manus.
Te nimium lentum timeo, tibi blandior uni.[8]
Tu, me quo possis perdere, fulmen habes.
Adspice – uti videas, inmitia claustra[9] relaxa –
uda sit ut lacrimis ianua facta meis!

---

1 **ianitor,** -oris m. – Türwächter
2 **religatus,** -a, -um – *hier:* gefesselt *(Vokativ!)*
3 **cardo,** cardinis m. – Türangel
4 **V. 3–6:** *Was ich erbitte ist wenig: Sieh zu, dass die halb geöffnete Tür durch einen schmalen Eingang meinen seitwärts gerichteten Körper aufnimmt! Lange Liebe machte meinen Körper für solche Zwecke dünn und gab mir durch das Verringern des Gewichtes dafür geeignete Glieder.*
5 **excubiae,** -arum f. – Wachen, Wachehalten
6 **derigere = dirigere,** dirigo, direxi, directum – lenken
7 **simulacrum,** -i n. – *hier:* Gespenst
8 **V. 13–15:** *Ohne Aufschub kam die Liebe: Nicht fürchte ich in der Nacht umherfliegende Schatten, nicht die Hände, die mir nach dem Leben trachten. Nur dich, allzu sturen Wächter, fürchte ich, dir allein schmeichle ich.*
9 **claustrum,** -i n. – Verschluss, Riegel

Station 2.4 Übersetzung: *Liebe ist Krieg!*

Level ●

Ovid *Amores* I,9: V. 1–10 und V. 41–44

1 Militat omnis amans, et habet sua castra Cupido.
2 Attice[1], crede mihi, militat omnis amans.
3 Quae bello est habilis[2], Veneri[3] quoque convenit[4] aetas.
4 Turpe senex miles, turpe senilis[5] amor[6].
5 Quos petiere duces animos in milite forti,
6 hos petit in socio bella puella viro.[7]
7 Pervigilant[8] ambo[9]; terra requiescit uterque –
8 ille fores[10] dominae servat, at ille ducis.
9 Militis officium longa est via; mitte puellam,
10 strenuus[11] exempto fine[12] sequetur amans.
[…][13]
41 Ipse ego segnis[14] eram discinctaque[15] in[16] otia natus;
42 mollierant[17] animos lectus et umbra[18] meos.
43 Impulit ignavum[19] formosae cura puellae
44 iussit et in castris aera merere[20] suis.

ordne: **aetas, quae bello est habilis, Veneri quoque convenit**

terra: *entspricht* in terra

1 **Atticus,** -i m. – Atticus (ein Freund Ovids; *Adressat des Gedichtes*)
2 **habilis,** -e *(+ Dativ)* – passend, tauglich
3 **Venus,** Veneris f. – *hier:* Liebe
4 **convenire,** convenio, conveni, conventum *(+ Dativ)* – geeignet sein (für)
5 **senilis,** -e – alt; bejahrt
6 **amor,** -oris m. – *hier:* Liebhaber
7 **V. 5/6:** *Die Eigenschaften, welche Feldherrn bei einem tapferen Soldaten fordern, sucht (auch) ein schönes Mädchen bei ihrem verbündeten Mann.*
8 **pervigilare,** -o, -vi, -tum – wach bleiben, durchwachen
9 **ambo,** -ae, -o – beide *(d. h. hier: Soldat und Liebhaber)*
10 **foris,** -is f. – Tür
11 **strenuus,** -a, -um – entschlossen, beharrlich
12 **exempto fine** – ohne Ende, unermüdlich
13 **[…]:** *Es folgen weitere Vergleichspunkte zwischen Liebhaber und Soldat sowie mythologische Beispiele.*
14 **segnis,** -e – schwerfällig, träge
15 **discinctus,** -a, -um – locker, lässig
16 **in** – *hier:* für
17 **mollire,** mollio, mollii, mollitum – weich machen, erweichen
18 **umbra,** -ae f.: *hier:* Muße, Ruhe
19 **ignavus,** -a, -um – *hier:* Faulpelz *(gemeint ist der Dichter!)*
20 **aera merere** – Sold verdienen *(d. h. Kriegsdienst leisten)*

Station 2.4 Übersetzung: *Liebe ist Krieg!*

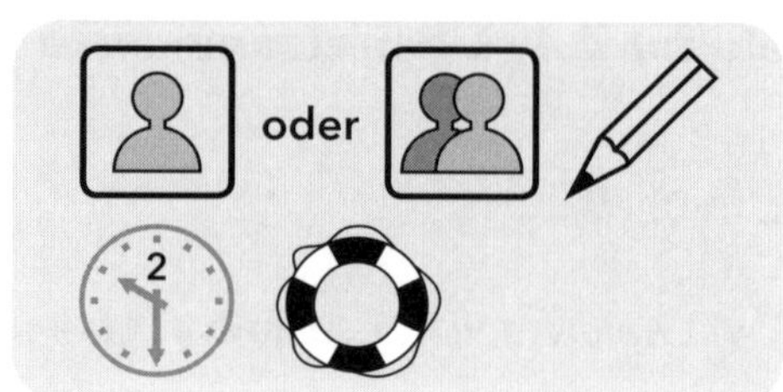

Level ●●

Ovid *Amores* I,9: V. 1–10 und V. 41–44

1 Militat omnis amans, et habet sua castra Cupido.
2 Attice[1], crede mihi, militat omnis amans.
3 Quae bello est habilis, Veneri[2] quoque convenit[3] aetas.
4 Turpe senex miles, turpe senilis amor[4].
5 Quos petiere duces animos in milite forti,
6 hos petit in socio bella puella viro.[5]
7 Pervigilant[6] ambo; terra requiescit uterque –
8 ille fores[7] dominae servat, at ille ducis.
9 Militis officium longa est via; mitte puellam,
10 strenuus[8] exempto fine[9] sequetur amans.
[...][10]
41 Ipse ego segnis eram discinctaque[11] in[12] otia natus;
42 mollierant[13] animos lectus et umbra[14] meos.
43 Impulit ignavum[15] formosae cura puellae
44 iussit et in castris aera merere suis.

terra: *entspricht* in terra

1 **Atticus,** -i m. – Atticus (ein Freund Ovids; *Adressat des Gedichtes*)
2 **Venus,** Veneris f. – *hier:* Liebe
3 **convenire,** convenio, conveni, conventum *(+ Dativ)* – geeignet sein (für)
4 **amor,** -oris m. – *hier:* Liebhaber
5 **V. 5/6:** *Die Eigenschaften, welche Feldherrn bei einem tapferen Soldaten fordern, sucht (auch) ein schönes Mädchen bei ihrem verbündeten Mann.*
6 **pervigilare,** -o, -vi, -tum – wach bleiben, durchwachen
7 **foris,** -is f. – Tür
8 **strenuus,** -a, -um – entschlossen, beharrlich
9 **exempto fine** – ohne Ende, unermüdlich
10 **[...]:** *Es folgen weitere Vergleichspunkte zwischen Liebhaber und Soldat sowie mythologische Beispiele.*
11 **discinctus,** -a, -um – locker, lässig
12 **in** – *hier:* für
13 **mollire,** mollio, mollii, mollitum – weich machen, erweichen
14 **umbra,** -ae f.: *hier:* Muße, Ruhe
15 **ignavus,** -a, -um – *hier:* Faulpelz *(gemeint ist der Dichter!)*

Station 2.4 Übersetzung: *Liebe ist Krieg!*

Level ●●●

Ovid *Amores* I,9: V. 1–10 und V. 41–44

1 Militat omnis amans, et habet sua castra Cupido.
2 Attice[1], crede mihi, militat omnis amans.
3 Quae bello est habilis, Veneri[2] quoque convenit aetas.
4 Turpe senex miles, turpe senilis amor[3].
5 Quos petiere duces animos in milite forti,
6 hos petit in socio bella puella viro.[4]
7 Pervigilant ambo; terra requiescit uterque –
8 ille fores dominae servat, at ille ducis.
9 Militis officium longa est via; mitte puellam,
10 strenuus exempto fine[5] sequetur amans.
[...][6]
41 Ipse ego segnis eram discinctaque[7] in otia natus;
42 mollierant animos lectus et umbra[8] meos.
43 Impulit ignavum formosae cura puellae
44 iussit et in castris aera merere suis.

1 **Atticus,** -i m. – Atticus (ein Freund Ovids; *Adressat des Gedichtes*)
2 **Venus,** Veneris f. – *hier:* Liebe
3 **amor,** -oris m. – *hier:* Liebhaber
4 **V. 5/6:** *Die Eigenschaften, welche Feldherrn bei einem tapferen Soldaten fordern, sucht (auch) ein schönes Mädchen bei ihrem verbündeten Mann.*
5 **exempto fine** – ohne Ende, unermüdlich
6 **[...]:** *Es folgen weitere Vergleichspunkte zwischen Liebhaber und Soldat sowie mythologische Beispiele.*
7 **discinctus,** -a, -um – locker, lässig
8 **umbra,** -ae f.: *hier:* Muße, Ruhe

Station 2.5 Übersetzung: *Ich ergebe mich!*

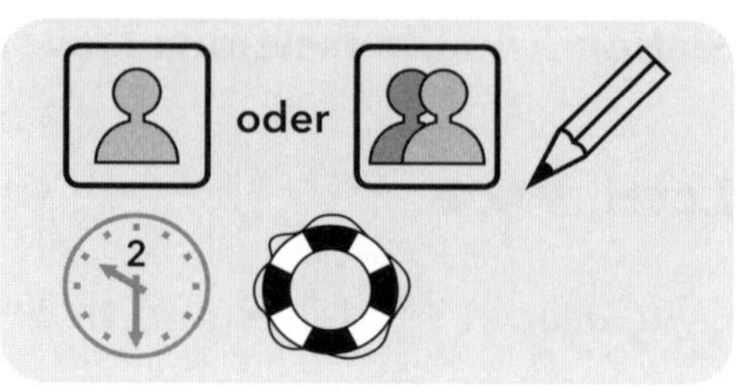

Level ●

Ovid *Amores* II,9b: V. 1–14

»Vive« deus »posito« si quis mihi dicat »amore!«
deprecer[1] – usque[2] adeo dulce puella malum est.
Cum bene pertaesum[3] est, animoque relanguit[4] ardor,
nescioquo[5] miserae turbine[6] mentis agor.
Ut rapit in praeceps dominum spumantia frustra
frena retentantem durior oris equus;
ut subitus, prope iam prensa tellure, carinam
tangentem portus ventus in alta rapit –[7]
sic me saepe refert incerta Cupidinis aura,
notaque purpureus[8] tela resumit[9] Amor.
Fige[10], puer! Positis nudus tibi praebeor[11] armis;
hic tibi sunt vires, hac[12] tua dextra[13] facit[14];
huc tamquam[15] iussae veniunt iam sponte[16] sagittae –
vix illis prae me[17] nota pharetra[18] sua est!

quis = aliquis

posito amore: Abl. abs.

animo: *entspricht* in animo

positis armis: Abl. abs.

---

1 **deprecari,** deprecor, deprecatus sum – *hier:* ablehnen
2 **usque** – fortwährend, stets, immer
3 **pertaesus,** -a, -um – überdrüssig
4 **relanguescere,** relanguesco, relangui – nachlassen, erkalten, erlahmen
5 **nescioquis/-quid** – irgendein(er), ein gewisser/-es
6 **turbo,** turbinis m. – Wirbel, Sturm
7 **V. 5–8:** *Wie ein Pferd mit zu hartem Maul den Herren, der die schaumbedeckten Zügel vergeblich zurückzieht, Hals über Kopf nach vorne reißt; wie ein plötzlicher Windstoß das Schiff, welches den Hafen berührt, – das Land wurde schon fast erreicht – wieder auf die hohe See fortreißt, …*
8 **purpureus,** -a, -um – purpurfarben
9 **resumere,** resumo, resumpsi, resumptum – wieder nehmen, wieder (von etwas) Gebrauch machen
10 **figere,** figo, fixi, fixum – treffen, durchbohren
11 **praebere,** praebeo, praebui, praebitum – darbieten, preisgeben
12 **hac** – an dieser Stelle, hier
13 **dextra,** -ae f. – rechte Hand
14 **facere,** facio, feci, factum – *hier:* erfolgreich sein
15 **tamquam** – gleichwie, gleich als wenn
16 **sponte** – aus eigenem Antrieb, freiwillig, von selbst
17 **prae me** – *hier:* im Vergleich zu mir
18 **pharetra,** -ae f. – (Pfeil-)Köcher

Station 2.5 Übersetzung: *Ich ergebe mich!*

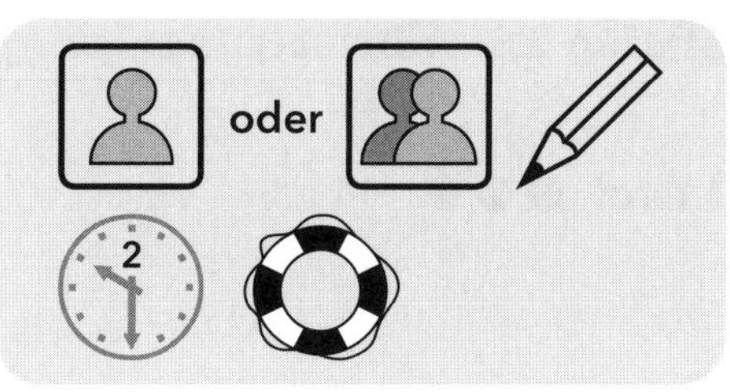

Level ●●

Ovid *Amores* II,9b: V. 1–14

»Vive« deus »posito« si quis mihi dicat »amore!«
deprecer[1] – usque[2] adeo dulce puella malum est.
Cum bene pertaesum[3] est, animoque relanguit[4] ardor,
nescioquo miserae turbine[5] mentis agor.
Ut rapit in praeceps dominum spumantia frustra
frena retentantem durior oris equus;
ut subitus, prope iam prensa tellure, carinam
tangentem portus ventus in alta rapit –[6]
sic me saepe refert incerta Cupidinis aura,
notaque purpureus[7] tela resumit Amor.
Fige, puer! Positis nudus tibi praebeor[8] armis;
hic tibi sunt vires, hac[9] tua dextra facit[10];
huc tamquam[11] iussae veniunt iam sponte[12] sagittae –
vix illis prae me[13] nota pharetra[14] sua est!

animo: *entspricht* in animo

1 **deprecari,** deprecor, deprecatus sum – *hier:* ablehnen
2 **usque** – fortwährend, stets, immer
3 **pertaesus,** -a, -um – überdrüssig
4 **relanguescere,** relanguesco, relangui – nachlassen, erkalten, erlahmen
5 **turbo,** turbinis m. – Wirbel, Sturm
6 V. 5–8: *Wie ein Pferd mit zu hartem Maul den Herren, der die schaumbedeckten Zügel vergeblich zurückzieht, Hals über Kopf nach vorne reißt; wie ein plötzlicher Windstoß das Schiff, welches den Hafen berührt, – das Land wurde schon fast erreicht – wieder auf die hohe See fortreißt, …*
7 **purpureus,** -a, -um – purpurfarben
8 **praebere,** praebeo, praebui, praebitum – darbieten, preisgeben
9 **hac** – an dieser Stelle, hier
10 **facere,** facio, feci, factum – *hier:* erfolgreich sein
11 **tamquam** – gleichwie, gleich als wenn
12 **sponte** – aus eigenem Antrieb, freiwillig, von selbst
13 **prae me** – *hier:* im Vergleich zu mir
14 **pharetra,** -ae f. – (Pfeil-)Köcher

Station 2.5 Übersetzung: *Ich ergebe mich!*

Level ●●●

Ovid *Amores* II,9b: V. 1–14

»Vive« deus »posito« si quis mihi dicat »amore!«
deprecer – usque[1] adeo dulce puella malum est.
Cum bene pertaesum[2] est, animoque relanguit[3] ardor,
nescioquo miserae turbine[4] mentis agor.
Ut rapit in praeceps dominum spumantia frustra
frena retentantem durior oris equus;
ut subitus, prope iam prensa tellure, carinam
tangentem portus ventus in alta rapit –[5]
sic me saepe refert incerta Cupidinis aura,
notaque purpureus[6] tela resumit Amor.
Fige, puer! Positis nudus tibi praebeor armis;
hic tibi sunt vires, hac[7] tua dextra facit[8];
huc tamquam iussae veniunt iam sponte[9] sagittae –
vix illis prae me nota pharetra[10] sua est!

---

1 **usque** – fortwährend, stets, immer
2 **pertaesus,** -a, -um – überdrüssig
3 **relanguescere,** relanguesco, relangui – nachlassen, erkalten, erlahmen
4 **turbo,** turbinis m. – Wirbel, Sturm
5 **V. 5–8:** *Wie ein Pferd mit zu hartem Maul den Herren, der die schaumbedeckten Zügel vergeblich zurückzieht, Hals über Kopf nach vorne reißt; wie ein plötzlicher Windstoß das Schiff, welches den Hafen berührt, – das Land wurde schon fast erreicht – wieder auf die hohe See fortreißt, …*
6 **purpureus,** -a, -um – purpurfarben
7 **hac** – an dieser Stelle, hier
8 **facere,** facio, feci, factum – *hier:* erfolgreich sein
9 **sponte** – aus eigenem Antrieb, freiwillig, von selbst
10 **pharetra,** -ae f. – (Pfeil-)Köcher

Station 2.6 Übersetzung: *Sie hat gelogen!*

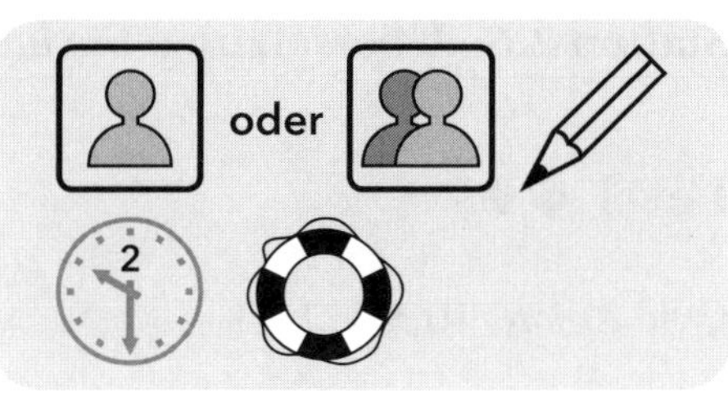

Level ●

Ovid *Amores* III,3: V. 1–14

Esse deos, i crede![1] – Fidem iurata[2] fefellit[3],
et facies illi, quae fuit ante, manet!
Quam longos habuit nondum periura[4] capillos,
tam longos, postquam numina laesit[5], habet.
Candida candorem roseo suffusa rubore
ante fuit – niveo lucet in ore rubor.[6]
Pes erat exiguus[7] – pedis est artissima[8] forma.
Longa decensque[9] fuit – longa decensque manet.
Argutos[10] habuit – radiant[11] ut sidus ocelli[12],
per[13] quos mentita est[14] perfida[15] saepe mihi.
Scilicet[16] aeterni falsum iurare puellis
di quoque concedunt[17], formaque numen habet.
Perque suos illam nuper iurasse[18] recordor[19]
perque meos oculos: en[20] doluere[21] mei!

esse deos: AcI

argutos (ocellos) habuit …

numen: hier Akk. Sg.

illam iurasse: AcI

mei: *ergänze* oculi

1 **i crede!** – auf, dann glaub meinetwegen *(ironisch-sarkastische Aufforderung)*
2 **iurata:** *gemeint ist die Geliebte, die dem Dichter Treue geschworen hat!*
3 **fallere,** fallo, fefelli, falsum – *hier:* (die Treue) brechen
4 **periurus,** -a, -um – eidbrüchig, meineidig
5 **laedere,** laedo, laesi, laesum – verletzen
6 **V. 5/6:** *Weiß war sie vorher, das Weiß hatte einen rosigen Schimmer: das Rot leuchtet (immer noch) in dem weißen Gesicht.*
7 **exiguus,** -a, -um – klein
8 **artus,** -a, -um – zierlich
9 **decens,** decentis – anmutig, wohlgestaltet
10 **argutus,** -a, -um – sprechend, ausdrucksvoll
11 **radiare,** -o, -vi, -tum – strahlen, schimmern
12 **ocellus,** -i m. – Äuglein, Auge (*Verkleinerungsform von* oculus)
13 **per:** *hier:* bei, um…willen *(bei Schwüren und Anrufungen)*
14 **mentiri,** mentior, mentitus sum – belügen
15 **perfidus,** -a, -um – eidbrüchig *(gemeint ist hier die Geliebte!)*
16 **scilicet** – offensichtlich, freilich
17 **concedere,** concedo, concessi, concessum – erlauben, einräumen
18 **iurasse** = iuravisse
19 **recordari,** recordor, recordatus sum – zurückdenken, erinnern
20 **en** – siehe, seht
21 **doluere** = doluerunt

Station 2.6 Übersetzung: *Sie hat gelogen!*

Level ●●

oder

Ovid *Amores* III,3: V. 1–14

Esse deos, i crede![1] – Fidem iurata[2] fefellit[3],
et facies illi, quae fuit ante, manet!
Quam longos habuit nondum periura[4] capillos,
tam longos, postquam numina laesit[5], habet.
Candida candorem roseo suffusa rubore
ante fuit – niveo lucet in ore rubor.[6]
Pes erat exiguus – pedis est artissima[7] forma.
Longa decensque[8] fuit – longa decensque manet.
Argutos[9] habuit – radiant ut sidus ocelli[10], **argutos (ocellos) habuit …**
per quos mentita est perfida[11] saepe mihi.
Scilicet aeterni falsum iurare puellis
di quoque concedunt, formaque numen habet.
Perque suos illam nuper iurasse[12] recordor[13]
perque meos oculos: en[14] doluere mei! **mei:** *ergänze* oculi

1 **i crede!** – auf, dann glaub meinetwegen *(ironisch-sarkastische Aufforderung)*
2 **iurata:** *gemeint ist die Geliebte, die dem Dichter Treue geschworen hat!*
3 **fallere,** fallo, fefelli, falsum – *hier:* (die Treue) brechen
4 **periurus,** -a, -um – eidbrüchig, meineidig
5 **laedere,** laedo, laesi, laesum – verletzen
6 **V. 5/6:** *Weiß war sie vorher, das Weiß hatte einen rosigen Schimmer: das Rot leuchtet (immer noch) in dem weißen Gesicht.*
7 **artus,** -a, -um – zierlich
8 **decens,** decentis – anmutig, wohlgestaltet
9 **argutus,** -a, -um – sprechend, ausdrucksvoll
10 **ocellus,** -i m. – Äuglein, Auge (*Verkleinerungsform von* oculus)
11 **perfidus,** -a, -um – eidbrüchig *(gemeint ist hier die Geliebte!)*
12 **iurasse** = iuravisse
13 **recordari,** recordor, recordatus sum – zurückdenken, erinnern
14 **en** – siehe, seht

Station 2.6 Übersetzung: *Sie hat gelogen!*

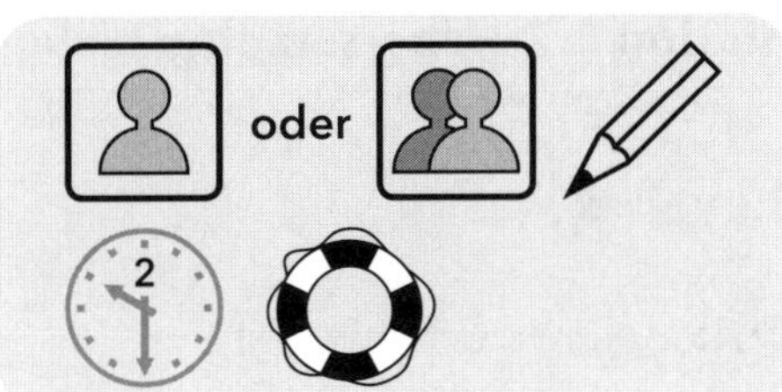

Level ●●●

Ovid *Amores* III,3: V. 1–14

1 Esse deos, i crede![1] – Fidem iurata[2] fefellit,
2 et facies illi, quae fuit ante, manet!
3 Quam longos habuit nondum periura[3] capillos,
4 tam longos, postquam numina laesit, habet.
5 Candida candorem roseo suffusa rubore
6 ante fuit – niveo lucet in ore rubor.[4]
7 Pes erat exiguus – pedis est artissima[5] forma.
8 Longa decensque[6] fuit – longa decensque manet.
9 Argutos[7] habuit – radiant ut sidus ocelli,
10 per quos mentita est perfida saepe mihi.
11 Scilicet aeterni falsum iurare puellis
12 di quoque concedunt, formaque numen habet.
13 Perque suos illam nuper iurasse[8] recordor[9]
14 perque meos oculos: en[10] doluere mei!

---

1 **i crede!** – auf, dann glaub meinetwegen *(ironisch-sarkastische Aufforderung)*
2 **iurata:** *gemeint ist die Geliebte, die dem Dichter Treue geschworen hat!*
3 **periurus,** -a, -um – eidbrüchig, meineidig
4 **V. 5/6:** *Weiß war sie vorher, das Weiß hatte einen rosigen Schimmer: das Rot leuchtet (immer noch) in dem weißen Gesicht.*
5 **artus,** -a, -um – zierlich
6 **decens,** decentis – anmutig, wohlgestaltet
7 **argutus,** -a, -um – sprechend, ausdrucksvoll – *ergänze danach:* ocellos
8 **iurasse** = iuravisse
9 **recordari,** recordor, recordatus sum – zurückdenken, erinnern
10 **en** – siehe, seht

Station 2.7 Übersetzung: *Liebe und Hass*

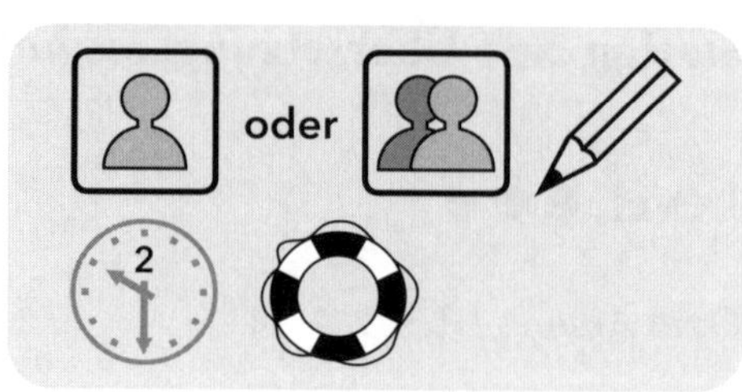

Level ●

Ovid *Amores* III,11b: V. 1–12

Luctantur[1] pectusque[2] leve in contraria[3] tendunt[4]
hac[5] amor, hac odium, sed – puto – vincit amor.
Odero, si potero; si non, invitus[6] amabo.
Nec iuga[7] taurus amat; quae tamen odit, habet.
Nequitiam[8] fugio – fugientem forma reducit;
aversor[9] morum[10] crimina – corpus amo.
Sic ego nec sine te nec tecum vivere possum,
et videor voti nescius[11] esse mei.
Aut formosa fores[12] minus, aut minus inproba[13], vellem;
non facit[14] ad mores tam bona forma malos.
Facta merent[15] odium, facies exorat[16] amorem –
me miserum, vitiis plus valet[17] illa suis!

iuga: *übersetze im Singular*

ordne: ***ea tamen habet, quae odit***

videri (+ NcI)

me miserum: *Akk. des Ausrufs*

---

1 **luctari,** luctor, luctatus sum – ringen, kämpfen
2 **pectus,** pectoris n. – Brust
3 **in contraria:** *hier:* in gegensätzliche Richtungen
4 **tendere,** tendo, tetendi, tentum – spannen, ziehen
5 **hac** – auf dieser Seite, hier
6 **invitus,** -a, -um – widerwillig, ungern
7 **iugum,** -i n. – Joch
8 **nequitia,** -ae f. – Verdorbenheit, Verworfenheit
9 **aversari,** aversor, aversatus sum *(+ Akkusativ)* – sich von etwas wegwenden, etwas verschmähen
10 **mos,** moris m. – Sitte, Gewohnheit (*im Plural:* Charakter)
11 **nescius,** -a, -um (+ Genitiv) – unwissend, unkundig
12 **fores** = esses
13 **inprobus,** -a, -um – schlecht, lasterhaft
14 **facere,** facio, feci, factum *(+ ad)* – passen zu
15 **merere,** mereo, merui, meritum – verdienen
16 **exorare,** -o, -vi, -tum – erbitten, verlangen
17 **plus valere,** valeo, valui, valiturus *(+ Ablativ)* – mehr gelten als, stärker sein als

Station 2.7 Übersetzung: *Liebe und Hass*

Level ●●

Ovid *Amores* III,11b: V. 1–12

Luctantur[1] pectusque leve in contraria[2] tendunt[3]
hac[4] amor, hac odium, sed – puto – vincit amor.
Odero, si potero; si non, invitus amabo.
Nec iuga[5] taurus amat; quae tamen odit, habet.
Nequitiam fugio – fugientem forma reducit;
aversor[6] morum crimina – corpus amo.
Sic ego nec sine te nec tecum vivere possum,
et videor voti nescius[7] esse mei.
Aut formosa fores[8] minus, aut minus inproba, vellem;
non facit[9] ad mores tam bona forma malos.
Facta merent[10] odium, facies exorat amorem –
me miserum, vitiis plus valet[11] illa suis!

iuga: *übersetze im Singular*

ordne: ***ea tamen habet, quae odit***

me miserum: *Akk. des Ausrufs*

1 **luctari,** luctor, luctatus sum – ringen, kämpfen
2 **in contraria:** *hier:* in gegensätzliche Richtungen
3 **tendere,** tendo, tetendi, tentum – spannen, ziehen
4 **hac** – auf dieser Seite, hier
5 **iugum,** -i n. – Joch
6 **aversari,** aversor, aversatus sum *(+ Akkusativ)* – sich von etwas wegwenden, etwas verschmähen
7 **nescius,** -a, -um *(+ Genitiv)* – unwissend, unkundig
8 **fores** = esses
9 **facere,** facio, feci, factum *(+ ad)* – passen zu
10 **merere,** mereo, merui, meritum – verdienen
11 **plus valere,** valeo, valui, valiturus *(+ Ablativ)* – mehr gelten als, stärker sein als

Station 2.7 Übersetzung: *Liebe und Hass*

Level ●●●

Ovid *Amores* III,11b: V. 1–12

Luctantur[1] pectusque leve in contraria tendunt
hac[2] amor, hac odium, sed, puto, vincit amor.
Odero, si potero; si non, invitus amabo.
Nec iuga[3] taurus amat; quae tamen odit, habet.
Nequitiam fugio – fugientem forma reducit;
aversor[4] morum crimina – corpus amo.
Sic ego nec sine te nec tecum vivere possum,
et videor voti nescius esse mei.
Aut formosa fores[5] minus, aut minus inproba, vellem;
non facit[6] ad mores tam bona forma malos.
Facta merent odium, facies exorat amorem –
me miserum, vitiis plus valet illa suis!

1 **luctari,** luctor, luctatus sum – ringen, kämpfen
2 **hac** – auf dieser Seite, hier
3 **iugum,** -i n. – Joch
4 **aversari,** aversor, aversatus sum *(+ Akkusativ)* – sich von etwas wegwenden, etwas verschmähen
5 **fores** = esses
6 **facere,** facio, feci, factum *(+ ad)* – passen zu

Station 3.1 Interpretation: *Amors neue Beute*

Ovid *Amores* I,2: V. 1–10 und V. 17–20

Bearbeite **mindestens je eine Aufgabe** aus Teil A und Teil B.

Teil A:

a) Erstelle eine Gliederung des Textes und gib jedem Abschnitt eine passende Überschrift. Verdeutliche die Struktur deiner Gliederung mit lateinischen Zitaten und Versangaben. Überprüfe deine Gliederung anschließend an der Hilfestation 6.

b) Welche »Symptome« des Verliebtseins beschreibt Ovid in dem Gedicht? Wie reagiert er auf die in ihm aufflammende Liebe? Nenne dazu entsprechende lateinische Zitate und zeige, mit welchen sprachlich-stilistischen Mitteln Ovid seine Darstellung verstärkt. Hinweise zu den im Textausschnitt verwendeten Stilmitteln findest du an der Hilfestation 6.

Teil B:

a) Ist geteiltes Leid halbes Leid? Der Elegiker Properz beschreibt im ersten Gedicht seiner Sammlung ebenfalls, wie Amor ihn »überwältigt« (→ **Material 1).** Vergleiche diese Darstellung mit dem vorliegenden Ovid-Text und nenne Gemeinsamkeiten und Unterschiede (→ lateinische Zitate).

b) Ein kompliziertes Verhältnis! Lies dir in der deutsch-lateinischen Lektüreausgabe der *Amores* (→ Bibliothek an Station 6) zusätzlich die Übersetzung des Ovid-Textes *Ich ergebe mich!* durch. Erarbeite anschließend auf der Grundlage der beiden Texte Ovids Verständnis von Liebe. Womit vergleicht er sie (→ lateinische Zitate)? Wie stehst du persönlich zu dieser Auffassung? **Ü**

c) Amors Triumphzug Der vorliegende Textauszug ist der erste Teil eines längeren Gedichtes. Im zweiten Teil beschreibt Ovid einen Triumphzug, an dem er als Amors »Beute« teilnimmt. Lies dir das Ende des Gedichtes (Ovid, *Amores* I,2: V. 21–52) in der Bibliothek der Station 6 durch und betrachte anschließend das Gemälde *Der Triumphzug Amors* von Jacopo del Sellaio (→ **Material 2).** Vergleiche den Ovid-Text mit dem Bild. Wo erkennst du Gemeinsamkeiten, wo liegen Unterschiede vor? Welche Darstellung spricht dich persönlich mehr an? **Ü**

Station 3.1 Interpretation: *Amors neue Beute*

Material 1: Properz I,1

V. 1–10:
Cynthia prima suis miserum me cepit ocellis,
contactum nullis ante cupidinibus.
Tum mihi constantis deiecit lumina fastus
et caput impositis pressit Amor pedibus,
donec me docuit castas odisse puellas
improbus, et nullo vivere consilio.
Et mihi iam toto furor hic non deficit anno,
cum tamen adversos cogor habere deos.

V. 1–10:
Cynthia hat mich Elenden als Erste mit ihren lieblichen Äuglein gefangen, mich, der zuvor von keinem Liebesverlangen berührt wurde. Dann senkte Amor mir die Augen standhaften Hochmutes, setzte mir den Fuß auf das Haupt und drückte es zu Boden, bis er – der Schamlose! – mich gelehrt hatte, anständige Frauen zu verachten und ohne planvolle Überlegung zu leben. Und mir erlischt schon ein ganzes Jahr lang diese Liebesglut nicht, obgleich ich doch gezwungen werde, die Götter als Feinde zu haben.

V. 17–22:
In me tardus Amor non ullas cogitat artes,
nec meminit notas, ut prius, ire vias.
At vos, deductae quibus est pellacia lunae
et labor in magicis sacra piare focis,
en agedum dominae mentem convertite
nostrae, et facite illa meo palleat ore magis!

V. 17–22:
In meinem Fall erwägt der säumige Liebesgott keine Kunstgriffe und denkt nicht daran, bekannte Wege – wie in alter Zeit – zu gehen. Ihr hingegen, die ihr die Kunst beherrscht, den Mond durch Schmeicheleien vom Himmel zu locken, die ihr es versteht, auf magischen Feuerstätten Opfer zu verrichten[1], so – auf denn! – wandelt den Sinn meiner Herrin und bewirkt, dass jene *(vor Liebe)* mehr erbleicht als mein eigenes Gesicht!

1 **Wer ist damit gemeint?** Informiere dich über den **Liebeszauber** bzw. generell über **antike Zauberei** in der Bibliothek der Hilfestation 6.

Material 2: Jacopo del Sellaio: Der Triumph Amors, um 1480/90

Station 3.2 Interpretation: *Für immer du!*

Bearbeite **mindestens je eine Aufgabe** aus Teil A und Teil B.

Teil A:

a) Erstelle eine Gliederung des Textes und gib jedem Abschnitt eine passende Überschrift.
Verdeutliche die Struktur deiner Gliederung mit lateinischen Zitaten und Versangaben!
Überprüfe deine Gliederung anschließend an der Hilfestation 6.

b) Welche Wünsche äußert Ovid an seine Geliebte im vorliegenden Gedicht?
Nenne dazu entsprechende lateinische Zitate und zeige, mit welchen sprachlich-stilistischen Mitteln Ovid seine Darstellung verstärkt.
Hinweise zu den im Textausschnitt verwendeten Stilmitteln findest du an der Hilfestation 6.

Teil B:

a) Bis dass der Tod uns scheidet!
Der Elegiker Tibull macht seiner Geliebten Delia ebenfalls eine Liebeserklärung (→ **Material 1).**
Vergleiche seine Wunschvorstellungen mit denen des Ovid und zeige Gemeinsamkeiten und Unterschiede (→ lateinische Zitate).
Wie stehst du persönlich zu den Zukunftsvisionen der beiden Dichter?

b) Verkehrte Welt?
Das öffentliche und private Leben der Römer war geprägt von festen Wertbegriffen (→ **Material 2).**
Vergleiche mithilfe des Infotextes die Bedeutung der Begriffe *amor/amare* und *fides* in der traditionellen römischen Welt und in dem Gedicht Ovids.
Stelle Vermutungen darüber an, wie die Römer auf die Umdeutung dieser Wertbegriffe durch die Liebeselegiker reagiert haben.

c) »Ich bin so sehr verliebt!«
Der Wunsch nach ewiger Liebe ist auch in der modernen Musik ein beliebtes Motiv. Höre dir das Lied *Bis ans Ende der Welt* von Udo Lindenberg am CD-Player oder über Youtube an!
(CD liegt der Station bei/Songtext: → Material 3)
Vergleiche den Ovid-Text mit dem Popsong und beschreibe die jeweiligen Besonderheiten!
Kennst du weitere Songs zu diesem Thema?

Station 3.2 Interpretation: *Für immer du!*

Material 1: Tibull I,1

V. 57–74:
Non ego laudari curo, mea Delia; tecum
dum modo sim, quaeso segnis inersque vocer.
Te spectem, suprema mihi cum venerit hora,
te teneam moriens deficiente manu.
Flebis et arsuro positum me, Delia, lecto,
tristibus et lacrimis oscula mixta dabis.
Flebis: non tua sunt duro praecordia ferro
vincta, neque in tenero stat tibi corde silex.
Illo non iuvenis poterit de funere quisquam
lumina, non virgo, sicca referre domum.
Tu manes ne laede meos, sed parce solutis
crinibus et teneris, Delia, parce genis.
Interea, dum fata sinunt, iungamus amores:
iam veniet tenebris Mors adoperta caput,
iam subrepet iners aetas, nec amare decebit,
dicere nec cano blanditias capite.
Nunc levis est tractanda Venus, dum frangere postes
non pudet et rixas inseruisse iuvat.

V. 57–74:
Ich kümmere mich nicht darum, gerühmt zu werden, meine Delia. Solange ich nur bei dir bin, soll ich – bitte! – träge und untätig genannt werden. Dich möchte ich ansehen, wenn für mich die letzte Stunde kommt, dich möchte ich mit meiner erlahmenden Hand halten, wenn ich sterbe. Und du wirst mich beweinen, Delia, wenn ich auf der Bahre liege, die in Feuer aufgehen wird, und du wirst mir Küsse geben, die mit leidvollen Tränen vermischt sind. Du wirst weinen: Dein Gemüt ist nicht mit hartem Eisen umwunden und bei dir befindet sich kein Granitstein im zarten Herzen. Kein Jüngling, keine junge Frau wird von diesem Begräbnis tränenlose Augen nach Hause zurückbringen können. Du, Delia, beleidige meine Manen nicht, sondern schone dein gelöstes Haar, schone deine zarten Wangen!
Inzwischen, solange das Schicksal es duldet, wollen wir uns in Liebe verbinden: Schon bald kommt der Tod, das Haupt mit Dunkelheit bedeckt, schon bald schleicht sich unbemerkt das träge Alter herbei, und es wird sich nicht ziemen, zu lieben und mit grauem Haar Schmeichelworte zu sagen. Jetzt soll man sich mit den jugendlichen Liebesreizen beschäftigen, solange es nicht beschämend ist, Türpfosten zu zerbrechen und solange es erfreulich ist, Streitereien anzufangen.

Station 3.2 Interpretation: *Für immer du!*

Material 2: B. Leininger, Der soziokulturelle Hintergrund der römischen Liebeselegie

Bei den Römern wurden Ehen in erster Linie nach dem Gesichtspunkt des Nutzens und der Standeszugehörigkeit geschlossen. Das ideale Verhältnis zwischen den Eheleuten wurde – wenn man es der Erwähnung würdig fand – als »pietas« (gegenseitige Achtung und Pflichterfüllung) bezeichnet. Den Wörtern »amor« und »amare« haftete bis in die Zeit der Liebeselegiker etwas Anrüchiges an, das in den Bereich außerehelicher Beziehungen gehörte, es sei denn, man sprach von »amor patriae«. Ein »vir vere Romanus« verschwendete keine Zeit auf Liebeständeleien; sein Verhalten war in erster Linie an den Normen orientiert, die Rom groß gemacht hatten, den »mores maiorum«: »labor« und »industria« (Arbeit mit vollem Einsatz), »fides« (Pflichterfüllung und Treue gegenüber Freunden und Schutzbefohlenen) und »amicitia«. Auf diesem Wege konnte er »dignitas« (persönliches Ansehen) und »auctoritas« (Einfluss) erwerben und war sich der öffentlichen Anerkennung (»laus«) sicher. Höchstes Ziel eines »vir gravis« (d. h. eines Mannes, der diese Erwartungen erfüllte) war das Erringen von »gloria«, die ihm einen Platz in der Ruhmeshalle der römischen Geschichte garantierte. »Virtus« (ein Begriff, der das ganze männliche Rollenverständnis umfasst) konnte vor allem im Dienst am Gemeinwesen, also bei der Tätigkeit in Verwaltung, Militär und Rechtsprechung bewiesen werden.

aus: Leininger, B.: Ovids Amores, in: Holzberg, N. (Hg.): Amor ludens. Bamberg 1992, S. 44.

Material 3: Udo Lindenberg, Bis ans Ende der Welt (1988)

Wenn du mich so ansiehst,
Fällt mir nichts mehr ein.
Wenn du willst, dann nimm mich,
Es kann für immer sein.
Ich geb' dir alles, was ich bin,
Das ist mein Versprechen,
Jeder Tag ohne dich ein Verbrechen.

Ich liebe hohe Spannung
Und stehe meistens unter Strom.
Und die Hochzeit feiern wir
In Panik-Manier im Petersdom;
Und meinetwegen 13 Kinder,
Alle total verrückt.

Oh, Babe, Babe, nimm mich in deine Arme,
Oh, Kleine, ich bin absolut verzückt.
Nur zu dir fallen mir solche schönen Träume ein.
Ich will jede Sekunde nur noch mit dir zusammen sein,
Bis ans Ende der Welt, wenn es das gibt.
Halt mich fest, mir wird schwindlig,
Ich bin so sehr verliebt.

Station 3.3 Interpretation: *Öffne die Tür!*

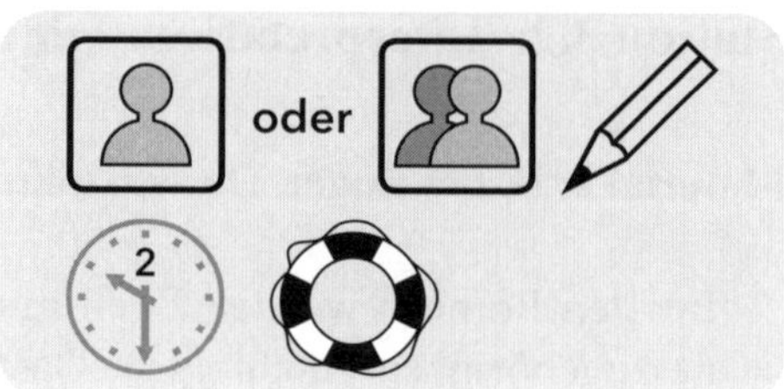

Bearbeite **mindestens je eine Aufgabe** aus Teil A und Teil B.

Teil A:

a) Erstelle eine Gliederung des Textes und gib jedem Abschnitt eine passende Überschrift. Verdeutliche die Struktur deiner Gliederung mit lateinischen Zitaten und Versangaben. Überprüfe deine Gliederung anschließend an der Hilfestation 6.

b) Worum bittet Ovid den Türwächter in diesem Gedicht? Stelle dar, mit welchen Mitteln er versucht, dieses Ziel zu erreichen. Nenne dazu entsprechende lateinische Zitate und zeige, mit welchen sprachlich-stilistischen Mitteln Ovid seine Darstellung verstärkt. Hinweise zu den im Textausschnitt verwendeten Stilmitteln findest du an der Hilfestation 6.

Teil B:

a) Lass mich zu dir!
Die Klage des Liebhabers vor der verschlossenen Haustür der Geliebten, das sogenannte »Paraklausithyron«, ist in der elegischen Dichtung sehr beliebt und hat eine lange Tradition. Informiere dich in einer Internetrecherche über dieses literarische Motiv. Zeige am vorliegenden Text, wie Ovid es in seiner Dichtung umsetzt (→ lateinische Zitate).

b) Tibulls Klage
Der Elegiker Tibull verfasste bereits vor Ovid ein »Paraklausithyron« (→ **Material 1).** Vergleiche dieses mit dem Ovid-Text. Stelle dar, welche Elemente Ovid in sein Klagelied übernimmt und was er verändert. Welche Version gefällt dir besser?

c) Moderne Kunst
Der Künstler Ralph Ehrenreich zeichnete im Jahre 2014 eine typische »Paraklausithyron«-Szene aus der Gegenwart (→ **Material 2).** Beschreibe die moderne Version und stelle sie dem Ovid-Text gegenüber. Wo siehst du Gemeinsamkeiten, wo Unterschiede?

Station 3.3 Interpretation: *Öffne die Tür!*

Material 1: Tibull I,2

V. 1–12:
Adde merum vinoque novos conpesce dolores,
occupet ut fessi lumina victa sopor,
neu quisquam multo percussum tempora baccho
excitet, infelix dum requiescit amor.
Nam posita est nostrae custodia saeva puellae,
clauditur et dura ianua firma sera.
Ianua difficilis domini, te verberet imber,
te Iovis imperio fulmina missa petant.
Ianua, iam pateas uni mihi, victa querelis,
neu furtim verso cardine aperta sones.
Et mala siqua tibi dixit dementia nostra,
ignoscas: capiti sint precor illa meo.

V. 1–12:
Schenke unvermischten Wein nach und halte damit die ungewohnte Leidenschaft im Zaume, dass fester Schlaf die überwältigten Augen des Ermüdeten befalle und dass niemand ihn, dem reichlich Wein auf die Schläfen geschlagen hat, aufwecke, bis das unglückliche Verlangen zur Ruhe kommt. Denn für mein Mädchen wurde eine strenge Wache aufgestellt und die hartherzige Haustür wird mit einem festen Balken verschlossen. Tür des unzugänglichen Herrn, dich möge der Regen plagen, dich sollen auf Jupiters Befehl entsandte Blitze treffen. Haustür, du sollst von nun an nur für mich offen stehen, besiegt von meinen Klagen – und knarre nicht, wenn die Türangel heimlich gedreht wird und du geöffnet wirst! Und wenn meine Unvernunft irgendwelche bösen Worte zu dir gesagt hat, mögest du sie mir nachsehen: Jene sollen gegen mein Haupt gerichtet sein, bitte ich.

V. 25–30:
En ego cum tenebris tota vagor anxius urbe,
securum tenebris me facit ipsa Venus
nec sinit occurrat quisquam, qui corpora ferro
volneret aut rapta praemia veste petat.
Quisquis amore tenetur, eat tutusque sacerque
qualibet: insidias non timuisse decet.

V. 25–30:
Seht doch! Wenn ich in der Finsternis ängstlich in der ganzen Stadt umherziehe, macht mich in der Dunkelheit Venus selbst furchtlos. Sie lässt es auch nicht zu, dass jemand auf mich zustürmt, der mit einem Dolch meinen Körper verwundet oder mein Gewand raubt und einen Preis dafür fordert. Wer auch immer von Liebe ergriffen ist, soll sicher und unantastbar gehen, wohin er nur will: Es ziemt sich, keinen Hinterhalt zu fürchten.

Station 3.3 Interpretation: *Öffne die Tür!*

Material 2: Ralph Ehrenreich, Modernes Paraklausithyron, 2014

Station 3.4 Interpretation: *Liebe ist Krieg!*

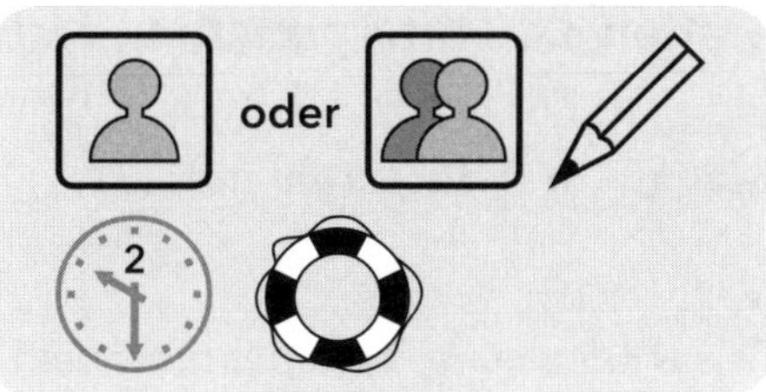

Bearbeite **mindestens je eine Aufgabe** aus Teil A und Teil B.

Teil A:

a) Erstelle eine Gliederung des Textes und gib jedem Abschnitt eine passende Überschrift. Verdeutliche die Struktur deiner Gliederung mit lateinischen Zitaten und Versangaben. Überprüfe deine Gliederung anschließend an der Hilfestation 6.

b) Worin liegen nach Ovid die Gemeinsamkeiten von Liebe und Kriegsdienst? Stelle dazu die jeweiligen Pflichten von Liebhaber und Soldat gegenüber (→ lateinische Zitate) und zeige, mit welchen sprachlich-stilistischen Mitteln Ovid seine Darstellung verstärkt. Hinweise zu den im Textausschnitt verwendeten Stilmitteln findest du an der Hilfestation 6.

Teil B:

a) Tipps vom Profi für den erfolgreichen »Kriegsdienst« In der *Ars amatoria* verwendet Ovid ebenfalls das Motiv der »Liebe als Kriegsdienst« (→ **Material 1).** Vergleiche diese Darstellung mit dem vorliegenden Ovid-Text und nenne Gemeinsamkeiten und Unterschiede (→ lateinische Zitate). Was hältst du persönlich von Ovids Tipps?

b) Der »Liebessoldat« Der Künstler Ralph Ehrenreich zeichnete im Jahre 2014 zwei typische Szenen für einen »Liebessoldaten« (→ **Material 2).** Welche Teile des Ovid-Textes setzen die beiden Bilder um (→ lateinische Zitate)? Überlege dir ausgehend von den Zeichnungen weitere Vergleichspunkte zwischen Liebhaber und Soldat. Lies dir anschließend das gesamte Ovid-Gedicht (Ovid *Amores* I,9) in der »Bibliothek« der Hilfestation 6 durch. Hattest du recht mit deinen Vermutungen?

c) Ein treffender Vergleich? Wie beurteilst du persönlich die antike Vorstellung der »Liebe als Kriegsdienst«? Sammle Wendungen, in denen diese Metapher im deutschen Sprachgebrauch weiterlebt. Wäre Ovid mit den modernen Varianten des Vergleichs einverstanden?

Station 3.4 Interpretation: *Liebe ist Krieg!*

Material 1: Ovid *Ars amatoria* II

V. 223–238:
Iussus adesse foro, iussa maturius hora
fac semper venias, nec nisi serus abi.
Occurras aliquo, tibi dixerit: omnia differ,
curre, nec inceptum turba moretur iter.
Nocte domum repetens epulis perfuncta redibit:
tum quoque pro servo, si vocat illa, veni.
Rure erit, et dicet »venias«: Amor odit inertes:
si rota defuerit, tu pede carpe viam.
Nec grave te tempus sitiensque Canicula tardet,
nec via per iactas candida facta nives.
Militiae species amor est; discedite, segnes:
non sunt haec timidis signa tuenda viris.
Nox et hiems longaeque viae saevique dolores
mollibus his castris et labor omnis inest.
Saepe feres imbrem caelesti nube solutum,
frigidus et nuda saepe iacebis humo.

V. 223–238:
Wurde dir befohlen, auf dem Forum zu erscheinen, komme immer vor der anberaumten Stunde und gehe erst spät wieder weg. Sagt sie zu dir, du sollst ihr irgendwohin entgegenlaufen, so schiebe alles andere auf. Eile! Und kein Gedränge soll deinen begonnenen Weg behindern. Sie will nachts nach einem reichlichen Gastmahl nach Hause zurückkehren: Dann komme auch du wie ein Sklave, wenn sie dich herbeiruft. Sie ist auf dem Land und sagt »Du sollst kommen«: Amor verachtet die Trägen: Wenn dir ein Wagen fehlt, mach dich zu Fuß auf den Weg. Und weder unangenehme Hitze noch der dürstende Hundsstern halte dich auf, noch ein Weg, der durch frische Schneeflocken weiß wurde. Liebe ist eine Art Kriegsdienst: Weicht, ihr Trägen! Diese Feldzeichen sollen nicht von ängstlichen Männern bewahrt werden. Nacht und stürmisches Wetter, weite Wege, furchtbare Schmerzen und Arbeiten aller Art gehören zu diesem weichlichen Kriegslager. Oft wirst du Regen erdulden müssen, der sich aus einer Wolke am Himmel löst, und oft wirst du frierend auf dem unbedeckten Boden liegen.

Station 3.4 Interpretation: *Liebe ist Krieg!*

Material 2: Ralph Ehrenreich, Der Liebessoldat, 2014

Szene 1

Szene 2

Station 3.5 Interpretation: *Ich ergebe mich!*

Bearbeite **mindestens je eine Aufgabe** aus Teil A und Teil B.

Teil A:

a) Erstelle eine Gliederung des Textes und gib jedem Abschnitt eine passende Überschrift.
Verdeutliche die Struktur deiner Gliederung mit lateinischen Zitaten und Versangaben.
Überprüfe deine Gliederung anschließend an der Hilfestation 6.

b) Wie beschreibt Ovid im vorliegenden Gedicht sein Verhältnis zur Liebe?
Nenne dazu entsprechende lateinische Zitate und zeige, mit welchen sprachlich-stilistischen Mitteln Ovid seine Darstellung verstärkt.
Hinweise zu den im Textausschnitt verwendeten Stilmitteln findest du an der Hilfestation 6.

Teil B:

a) Gibt es ein Leben ohne Liebe?
Ovid nimmt in dem vorliegenden Textauszug zu dieser Frage eine eindeutige Position ein.
Lies dir dazu die Kolumne *Gibt es ein Leben ohne Liebe?* durch (→ **Material 1).**
Arbeite die zentralen Thesen und Argumente des Philosophen Wilhelm Schmid heraus.
Wie würde Ovid diese beurteilen? Wie stehst du persönlich dazu?

b) Ein kompliziertes Verhältnis!
Lies dir in der deutsch-lateinischen Lektüreausgabe der *Amores* (→ Bibliothek an Station 6) zusätzlich die Übersetzung des Ovid-Textes *Amors neue Beute* durch.
Vergleiche die beiden Texte und arbeite heraus, wie Ovid den Gott Amor und die Liebe beurteilt.
Wie stehst du zu seiner Meinung?

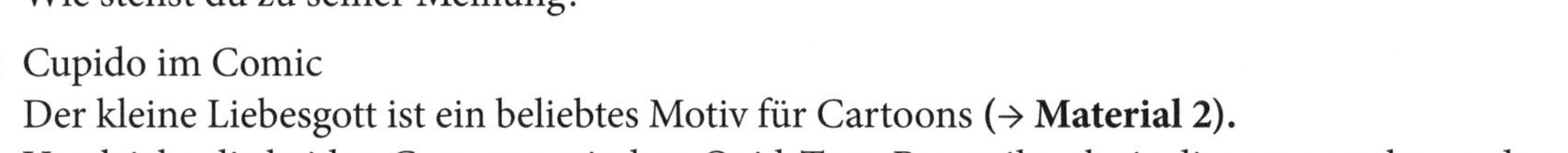

c) Cupido im Comic
Der kleine Liebesgott ist ein beliebtes Motiv für Cartoons (→ **Material 2).**
Vergleiche die beiden Cartoons mit dem Ovid-Text. Beurteile, ob sie diesem gerecht werden.

Station 3.5 Interpretation: *Ich ergebe mich!*

Material 1: Wilhelm Schmid, Gibt es ein Leben ohne Liebe?

Sie werden nicht geliebt? Hier fünf Möglichkeiten dafür, vielleicht kann wenigstens eine Sie überzeugen:

1. Das Ausbleiben der Liebe lässt sich ebenso wie ihr Auftreten nur bedingt beeinflussen. Liebe ist ein Phänomen, das zwischen Menschen gelegentlich auftritt, gelegentlich auch ausbleibt. Wenn es auftritt, wird es Menschen »warm ums Herz«, wenn es ausbleibt, kalt. Das kommt sogar in den besten Beziehungen vor. Das scheint zyklisch wie die Jahreszeiten zu sein. Nichts zu machen.
2. Das Ausbleiben der Liebe, so bedauernswert es ist, ist nicht metaphysisch schlimm. Zwar ist die Nostalgie der verlorenen »Einheit« übermächtig, von der auf besonders schöne Weise der Mythos von den Kugelwesen, die die Menschen ursprünglich gewesen sein sollen, in Platons *Symposion* handelt. Aber wie viel Entzweiung resultiert gerade aus dem Traum der Einheit, der sich im Alltag und in der Erstreckung der Zeit als nicht lebbar erweist! Eine Kunst des Lebens mit der ausbleibenden Liebe bestünde darin, nicht zu viel von vergangener oder künftiger Einheit zu träumen, sondern die Zweiheit als gegeben zu akzeptieren. Das könnte gesünder sein als die Empörung über die Störung der Harmonie, der Gram über die zerbrochene Einheit, die nicht endenden Vorwürfe an den anderen wegen dessen Destruktion der »unio mystica«.
3. Das Leben ohne Liebe unterscheidet sich in einem wichtigen Punkt nicht wesentlich vom Leben mit ihr: Es bedarf der Pragmatik. Kein Grund also, der Liebe zu sehr nachzutrauern oder sie zu ersehnen: Wo sie auftritt, kann es bei ihr allein auf Dauer nicht bleiben. Liebe ist eine mehr oder weniger starke Zuneigung, plus Arbeit, die der schwierige Prozess des Sich-aneinander-Gewöhnens bedeutet. So wunderbar die Gefühle sind, im Alltag zählen vor allem Gewohnheiten. Sie bestimmen das Zusammenleben und sie ruinieren es auch, wenn sie nicht kompatibel sind. Pragmatik muss also hinzukommen. Sie ist die Insel, auf die sich die Schiffbrüchigen des Lebens und der Liebe immer retten können. Auch der Mensch, der ohne Liebe lebt.
4. Was geliebt wird, ist vor allem die Liebe. Wenn es denn unbedingt Liebe sein muss und momentan niemand in greifbarer Nähe ist, dann lohnt es sich zu fragen, worauf sie sich denn eigentlich richtet: auf einen bestimmten Menschen oder durch diesen hindurch auf »die Liebe« selbst als Idee? Wer liebt, liebt zweifellos die Unverwechselbarkeit des Geliebten, aber in jeder Liebe ist offenkundig auch ein universelles Element wirksam, sonst wäre die Übertragung der einzigartigen »wahren Liebe«, wie dies vielfach geschieht, auf einen anderen Menschen undenkbar. Selbst Romantiker der wahren Liebe wie Novalis hatten keine allzu große Mühe damit. Lieben kann man also auch, ohne konkret jemanden zu lieben.
5. Fürs Geliebtwerden lässt sich doch noch etwas tun. Aller Erfahrung nach bedarf das Leben dort, wo nur noch Getrenntsein vorherrscht und die Pragmatik allein regiert, wenigstens ab und zu einer Prise Romantik, gelegentlich also einer konkreten Liebesbegegnung. Wie Sie das machen sollen, wo Sie doch nicht geliebt werden, obwohl Sie es so sehr wollen? Der gute alte Seneca hält im neunten seiner *Briefe an Lucilius über Ethik* einen einfachen Rat dazu bereit: Si vis amari, ama – »Wenn du geliebt werden willst, liebe!«

veröffentlicht in: DIE ZEIT vom 13. Februar 2003, Kolumne »Ethikrat«.

Station 3.5 Interpretation: *Ich ergebe mich!*

Material 2:

Mark Parisi, Cupid, 2010

Mark Parisi, Underwhelmed, 2009

Station 3.6 Interpretation: *Sie hat gelogen!*

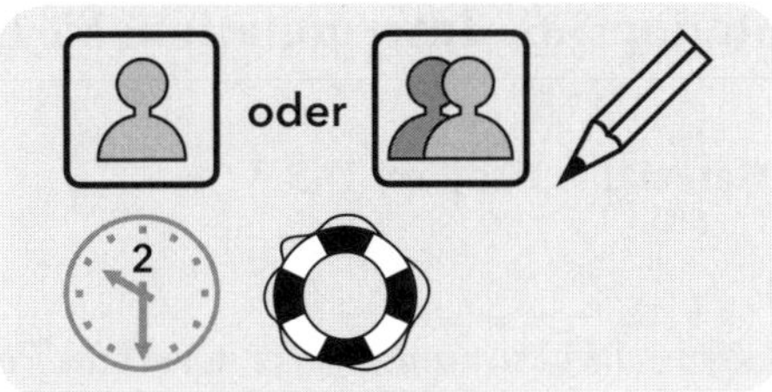

Bearbeite **mindestens je eine Aufgabe** aus Teil A und Teil B.

Teil A:

a) Erstelle eine Gliederung des Textes und gib jedem Abschnitt eine passende Überschrift. Verdeutliche die Struktur deiner Gliederung mit lateinischen Zitaten und Versangaben. Überprüfe deine Gliederung anschließend an der Hilfestation 6.

b) Wie reagiert Ovid im vorliegenden Gedicht auf den Treuebruch seiner Geliebten? Nenne dazu entsprechende lateinische Zitate und zeige, mit welchen sprachlich-stilistischen Mitteln Ovid seine Darstellung verstärkt. Hinweise zu den im Textausschnitt verwendeten Stilmitteln findest du an der Hilfestation 6.

Teil B:

a) Eine Lüge kommt selten allein
Der Elegiker Properz beschreibt ebenfalls, dass seine Geliebte Cynthia ihn betrügt (→ **Material 1).** Vergleiche seine Reaktion auf die Untreue mit der des Ovid. Nenne Gemeinsamkeiten und Unterschiede (→ lateinische Zitate). Wie würdest du reagieren?

b) Ehrlichkeit schadet der Beziehung?!
Viele Paartherapeuten raten, in bestimmten Situationen nicht immer bedingungslos ehrlich zum Partner zu sein (→ **Material 2).** Fasse die Kernthesen des Berichtes zusammen. Wäre Ovid mit den Tipps der Psychologen einverstanden? Wie stehst du persönlich dazu?

c) Was ist »schön«?
Aus dem vorliegenden Ovid-Gedicht kann man indirekt auch auf das antike Schönheitsideal schließen. Stelle dessen Merkmale zusammen (→ lateinische Zitate) und vergleiche sie mit dem Idealbild der heutigen Zeit (→ **Material 3).** Wie definierst du persönlich den Begriff »Schönheit«?

Station 3.6 Interpretation: *Sie hat gelogen!*

Material 1: Properz II,5

V. 1–10:
Hoc verum est, tota te ferri, Cynthia, Roma,
et non ignota vivere nequitia?
Haec merui sperare? Dabis mihi, perfida, poenas;
et nobis aliquo, Cynthia, ventus erit.
Inveniam tamen e multis fallacibus unam,
quae fieri nostro carmine nota velit,
nec mihi tam duris insultet moribus et te
vellicet: heu sero flebis amata diu.
Nunc est ira recens, nunc est discedere tempus:
si dolor afuerit, crede, redibit amor.

V. 1–10:
Ist dies wahr, Cynthia, dass in ganz Rom über dich gesprochen wird und dass du in öffentlich bekannter Verdorbenheit lebst? Habe ich das zu erhoffen verdient? Du wirst es mir büßen, Unredliche: Auch mich, Cynthia, wird ein Windstoß irgendwohin treiben. Dennoch werde ich unter den vielen Betrügerinnen eine finden, die durch meine Dichtung bekannt werden will und mich nicht mit so hartherzigem Wesen verspottet, dir hingegen übel mitspielt: Ach, zu spät wirst du weinen, die von mir so lange Geliebte! Jetzt ist mein Zorn noch frisch, nun ist es Zeit, Abschied zu nehmen: Wenn der Schmerz vobei ist – glaub mir! – wird die Liebe zurückkehren!

V. 21–28:
Nec tibi periuro scindam de corpore vestis,
nec mea praeclusas fregerit ira fores,
nec tibi conexos iratus carpere crinis,
nec duris ausim laedere pollicibus.
Scribam igitur, quod non umquam tua deleat aetas,
»Cynthia, forma potens; Cynthia, verba levis.«
Crede mihi, quamvis contemnas murmura famae,
hic tibi pallori, Cynthia, versus erit.

V. 21–28:
Weder werde ich dir – ich schwöre es! – die Kleider zerreißen, noch wird meine Wut die verschlossenen Türen aufbrechen, noch werde ich es wagen, dir erzürnt die geflochtenen Haare zu zerrupfen, noch mit den harten Daumen dich zu verletzen. Ich werde also schreiben, was deine Lebenszeit niemals tilgt: »Cynthia, vortrefflich im Aussehen: Cynthia, im Hinblick auf Worte leichtsinnig!« Glaube mir, wie sehr du auch auf das Gerede über deinen Ruf verächtlich herabsiehst, dieser Vers, Cynthia, wird dich erbleichen lassen!

Station 3.6 Interpretation: *Sie hat gelogen!*

Material 2: Florian Sanktjohanser: Wer immer ehrlich ist, gefährdet die Liebe

Vertrauen ist die Grundlage jeder Beziehung. Aber auch, wenn es zunächst nach einem Widerspruch klingt: Damit man sich auf seine bessere Hälfte verlasssen kann, sollten Partner nicht immer hundertprozentig ehrlich zueinander sein. In manchen Situationen sollte die Wahrheit besser verschwiegen werden.

© picture Alliance

»Die Forderung nach hundertprozentiger Offenheit und Ehrlichkeit ist einer der Hauptirrtümer über die Liebe«, sagt Dorothee Döring, Paarberaterin aus Kaarst in Nordrhein-Westfalen. »Und völlige Ehrlichkeit ist weder möglich noch erstrebenswert.«

Eifersucht nicht sinnlos nähren

»Gegenüber einem sensiblen Partner, der mit der Wahrheit nicht umgehen kann, ist höfliches Schweigen oft verantwortungsvoller«, fügt Paarcoach Tom Diesbrock aus Hamburg hinzu. Vor allem wenn die Vertrauensbasis durch vollkommene Ehrlichkeit erschüttert würde, ist Schweigen Gold. So rät Döring beispielsweise Menschen mit einem sehr eifersüchtigen Partner, diesem nicht von jeder harmlosen Begegnung zu erzählen. Damit schüren sie nur sein chronisches Misstrauen.

Bei Verdacht reinen Tisch

Die Zeit, reinen Tisch zu machen, sei aber spätestens dann gekommen, wenn der oder die Gehörnte Verdacht geschöpft hat – sonst zerfrisst das Misstrauen langsam die Beziehung. Die meisten täglichen Lügen und Halbwahrheiten haben allerdings weitaus harmlosere Gründe als den sexuellen Betrug. »Oft wird nur aus Bequemlichkeit geflunkert, um sich nicht mit dem Partner auseinandersetzen zu müssen«, sagt Diesbrock. Ob man nun größtmögliche Offenheit in seiner Beziehung anstrebt oder lieber doch ein paar Geheimnisse für sich bewahrt – in erster Linie sei es wichtig, die Verantwortung für das gewählte Maß an Offenherzigkeit zu übernehmen: »Man muss sich nicht nur überlegen, ob man den Partner vielleicht lieber vor einer unbequemen Wahrheit schützen soll. Es geht auch darum, ob man mit dessen Reaktion zurechtkommt.«

Einen Seitensprung zu verschweigen, finden aber nicht alle Paarberater optimal. Die Paartherapeutin Claudia Viganske aus Köln etwa plädiert in dieser Situation für Ehrlichkeit. Denn Untreue sei meist auf tiefer liegende Probleme in der Beziehung zurückzuführen. Und wird der Seitensprung verschwiegen, blieben diese Probleme ihrer Ansicht nach unbearbeitet bestehen. Deshalb könne nur durch ein Geständnis die Ursache des Vertrauensbruchs gemeinsam ausgeräumt werden. Dann hätten die Partner die Chance, sich über die Stärken und Schwächen der Beziehung bewusst zu werden und noch einmal ganz von vorne anzufangen.

Station 3.6 Interpretation: *Sie hat gelogen!*

Material 3: Kandidatinnen von Germany's Next Topmodel bei der Premiere von *Fluch der Karibik* 4, 2011

© imago-stock.de

Station 3.7 Interpretation: *Liebe und Hass*

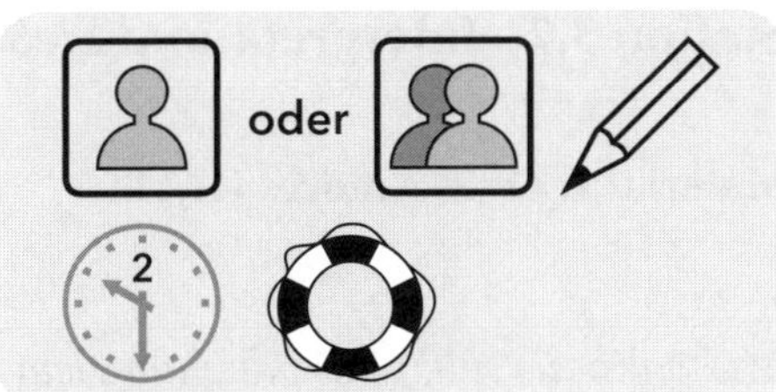

Bearbeite **mindestens je eine Aufgabe** aus Teil A und Teil B.

Teil A:

a) Erstelle eine Gliederung des Textes und gib jedem Abschnitt eine passende Überschrift. Verdeutliche die Struktur deiner Gliederung mit lateinischen Zitaten und Versangaben. Überprüfe deine Gliederung anschließend an der Hilfestation 6.

b) Wie erklärt sich Ovid das widersprüchliche Gefühl der Hassliebe? Stelle zusammen, was für ihn Gegenstand der Liebe bzw. des Hasses ist. Nenne dazu entsprechende lateinische Zitate und zeige, mit welchen sprachlich-stilistischen Mitteln Ovid seine Darstellung verstärkt. Hinweise zu den im Textausschnitt verwendeten Stilmitteln findest du an der Hilfestation 6.

Teil B:

a) Ich war ein Narr
Der Text *Liebe und Hass* ist der zweite Teil eines umfangreichen Gedichtes. Den ersten Teil davon findest du in → **Material 1.**
Vergleiche die beiden Teile miteinander und stelle dar, welchen Sinneswandel Ovid in seinem Inneren vollzieht (→ lateinische Zitate)! Wie würdest du in seiner Situation reagieren?

b) Keine Ausnahme
Viele berühmte Dichter verwendeten das Motiv der Ambivalenz der Gefühle (→ **Material 2).**
Vergleiche die Gedichte mit dem Ovid-Text. Welche Version gefällt dir am besten?

c) Ovid in den Charts?
Das Dilemma von Liebe und Abneigung ist auch in der modernen Musik ein beliebtes Thema: Höre dir entweder den Song *Poison* von Alice Cooper oder das Lied *Ohne dich* von Rammstein am CD-Player oder über Youtube an!

(CD liegt der Station bei/Songtext: → Material 3 und 4)
Vergleiche den Ovid-Text damit und beschreibe Gemeinsamkeiten und Unterschiede.
Kennst du weitere Songs zu diesem Thema?

Station 3.7 Interpretation: *Liebe und Hass*

Material 1: Ovid Amores III,11a

V. 1–10:
Multa diuque tuli; vitiis patientia victa est;
cede fatigato pectore, turpis amor!
Scilicet adserui iam me fugique catenas,
et quae non puduit ferre, tulisse pudet.
Vicimus et domitum pedibus calcamus amorem;
venerunt capiti cornua sera meo.
Perfer et obdura! Dolor hic tibi proderit olim;
saepe tulit lassis sucus amarus opem.
Ergo ego sustinui, foribus tam saepe repulsus,
ingenuum dura ponere corpus humo?

V. 1–10:
Vieles hab ich lange Zeit hindurch ertragen. Meine Geduld wurde von deinen Lastern besiegt. Weiche aus meiner ermüdeten Brust, schändlicher Amor! Schon habe ich mich als frei erklärt und bin den Ketten entflohen. Und so wenig es mich mit Scham erfüllte, sie zu tragen, so sehr beschämt es mich jetzt, dass ich sie trug. Ich habe gesiegt und trete den gebändigten Amor mit Füßen: Spät sind auf meinem Haupt Hörner gewachsen. Harre aus und bleibe hart! Dieser Schmerz wird dir künftig einmal nützlich sein; oft hat ein bitterer Saft Erschöpften Hilfe gebracht. Wie hielt ich es nur aus, so oft an der Tür abgewiesen, meinen frei geborenen Körper auf den harten Boden zu legen?

V. 27–32:
His et quae taceo duravi saepe ferendis;
quaere alium pro me, qui queat ista pati.
Iam mea votiva puppis redimita corona
lenta tumescentes aequoris audit aquas.
Desine blanditias et verba, potentia quondam,
perdere – non ego nunc stultus, ut ante fui!

V. 27–32:
Dieses und auch anderes, was ich verschweige, habe ich oft ertragen und wurde dadurch hart; suche dir statt meiner einen anderen Mann, der dies erdulden kann. Schon ist mein Schiff mit dem geweihten Kranz umwunden und hört gleichmütig die aufschwellenden Wasser des Meeres. Höre auf, Schmeicheleien und Worte – einstmals mächtig – zu verlieren: Ich bin nun nicht mehr der Narr, der ich zuvor war!

Station 3.7 Interpretation: *Liebe und Hass*

Material 2: Johann Wolfgang von Goethe (1749–1832), *Egmont,* 3. Akt

Freudvoll
Und leidvoll,
Gedankenvoll sein,
Hangen
Und bangen
In schwebender Pein,
Himmelhoch jauchzend,
Zum Tode betrübt:
Glücklich allein
Ist die Seele, die liebt.

Catull/Eduard Mörike: Odi et amo

Odi et amo. Quare id faciam, fortasse requiris?	Hassen und lieben zugleich muss ich. Wieso? – wenn ich's wüsste!
Nescio, sed fieri sentio, et excrucior.	Aber ich fühl's und das Herz möchte zerreißen in mir!
Catull; ca. 87–54 v. Chr.	*Übersetzung von Eduard Mörike; 1840*

William Shakespeare (1564–1616): *Romeo und Julia,* 1. Akt, 1. Aufzug

ROMEO:
Wie Schade, dass die Liebe, mit verbundnen Augen, Pfade zu ihrem Unglück sehen soll! […]
Der Haß macht hier viel zu thun, aber die Liebe noch mehr: Wie dann, o mißhellige Liebe! o liebender Haß! O unwesentliches Etwas, und würkliches Nichts! So leicht und doch zu Boden drükend! So ernsthaft und doch Tand! Du ungestaltes Chaos von reizenden Phantomen! Bleyerne Feder, glänzender Rauch, kaltes Feuer, kranke Gesundheit, immer-wachender Schlaf – o! du wunderbares Gemisch von Seyn und Nichtseyn! – Das ist die Liebe, die ich fühle, ohne in dem was ich fühle die Liebe zu erkennen – Lachst du nicht?

Station 3.7 Interpretation: *Liebe und Hass*

Material 3: Alice Cooper, *Poison,* 1989

Gift

Deine grausame Art,
Dein Blut, wie Eis,
Ein Blick, könnte töten,
Mein Schmerz, deine Erregung.

Ich möchte dich lieben, aber ich berühre dich besser nicht (nicht berühren).
Ich möchte dich halten, aber meine Sinne gebieten mir Einhalt.
Ich möchte dich küssen, aber ich möchte es zu sehr (zu sehr).
Ich möchte dich schmecken, aber deine Lippen sind Gift.
Du bist Gift, das durch meine Venen fließt.
Du bist Gift, ich will diese Ketten nicht brechen.

Dein Mund, so heiß,
Dein Netz, ich bin gefangen,
Deine Haut, so nass,
Schwarze Spitze an Schweiß.

Ich höre dich rufen und es ist wie Nadeln und Nägel (und Nägel),
Ich will dir wehtun, nur um dich meinen Namen schreien zu hören,
Möchte dich nicht berühren, doch du bist unter meiner Haut (tief drin),
Ich möchte dich küssen, aber deine Lippen sind Gift.
Du bist Gift, das durch meine Venen fließt,
Du bist Gift, ich will diese Ketten nicht brechen,
Gift.

Ein Blick, könnte töten,
Mein Schmerz, deine Erregung,
Ich möchte dich lieben, aber ich berühre dich besser nicht (nicht berühren),
Ich möchte dich halten, aber meine Sinne gebieten mir Einhalt,
Ich möchte dich küssen, aber ich möchte es zu sehr (zu sehr),
Ich möchte dich schmecken, aber deine Lippen sind Gift,
Du bist Gift, das durch meine Venen fließt,
Du bist Gift, ich will diese Ketten nicht brechen,
Gift.

Ich möchte dich lieben …

Text: Child, Desmond/Cooper, Alice/Mc Curry, John, © Ezra Music Corp./Kat and Mouse Music/Music Corporation of America Inc./ Polygram International Publishing Inc. D/A/CH: Universal Music Publishing GmbH, Berlin Universal/MCA Music Publishing GmbH, Berlin

Station 3.7 Interpretation: *Liebe und Hass*

Material 4: Rammstein, *Ohne Dich,* 2004

Ich werde in die Tannen gehn,
Dahin wo ich sie zuletzt gesehen,
Doch der Abend wirft ein Tuch aufs Land,
Und auf die Wege hinterm Waldesrand,
Und der Wald er steht so schwarz und leer,
Weh mir, oh weh,
Und die Vögel singen nicht mehr.

Ohne dich kann ich nicht sein,
Ohne dich.
Mit dir bin ich auch allein,
Ohne dich.
Ohne dich zähl ich die Stunden,
Ohne dich.
Mit dir stehen die Sekunden,
lohnen nicht.

Auf den Ästen in den Gräben,
Ist es nun still und ohne Leben.
Und das Atmen fällt mir ach so schwer,
Weh mir, oh weh,
Und die Vögel singen nicht mehr.

Ohne dich kann ich nicht sein,
Ohne dich.
Mit dir bin ich auch allein,
Ohne dich.
Ohne dich zähl ich die Stunden,
Ohne dich.
Mit dir stehen die Sekunden,
lohnen nicht,
Ohne dich.
ohne dich

Und das Atmen fällt mir ach so schwer,
Weh mir, oh weh,
Und die Vögel singen nicht mehr

Ohne dich kann ich nicht sein,
Ohne dich.
Mit dir bin ich auch allein,
Ohne dich.
Ohne dich zähl ich die Stunden,
Ohne dich.
Mit dir stehen die Sekunden,
lohnen nicht,
Ohne dich.

Station 4.1 Kreative Umsetzung: *Amors neue Beute*

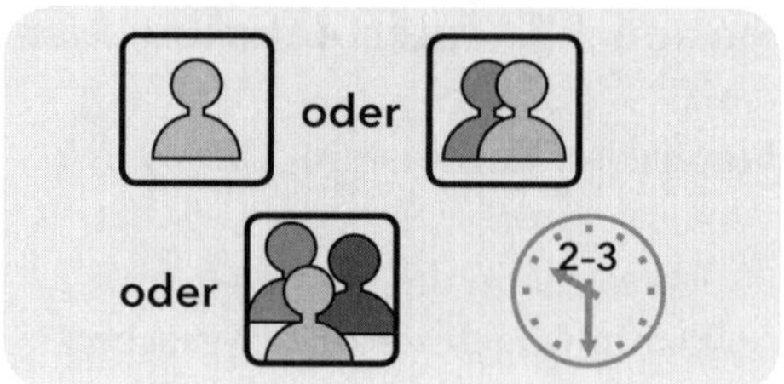

Bearbeite **mindestens eine** der folgenden Aufgaben.
Eigene Ideen zur kreativen Bearbeitung des Ovid-Textes kannst du anstelle dieser Vorschläge selbstverständlich auch umsetzen! Sprich sie einfach mit dem Lehrer ab.

a) Lies dir in der deutsch-lateinischen Lektüreausgabe der *Amores* (→ Bibliothek an Station 6) zusätzlich die Übersetzung des Ovid-Textes *Für immer du!* durch.
Verfasse auf der Grundlage der beiden Texte einen Tagebucheintrag Ovids, in welchem er seine Verliebtheit und Hoffnungen für die Zukunft darstellt.

 oder  

b) Informiere dich im Internet genauer über den Liebesgott Amor und seine »Taten«, z. B. in der Sage von → *Apoll und Daphne* aus Ovids *Metamorphosen.*
Verfasse auf der Grundlage dieser Informationen und des Ovid-Textes ein Streitgespräch zwischen Ovid und Amor, in dem sich der Dichter weigert, sich dem Liebesgott zu unterwerfen.

 oder  

c) Setze die Hauptaussagen des Gedichtes in Form einer Zeichnung oder einer Collage um. Alternativ dazu kannst du auch den *Triumphzug Amors* (→ Interpretationsstation 3.1, Aufgabe c) darstellen.

 oder 

d) **Masteraufgabe/Besondere Herausforderung:** Lies dir in der deutsch-lateinischen Lektüreausgabe der *Amores* (→ Bibliothek an Station 6) zusätzlich die Übersetzung der anderen lateinischen Texte aus Station 2 durch.
Schaffst du es, den Inhalt möglichst vieler Ovid-Gedichte durch eine kreative Umsetzung deiner Wahl miteinander zu verbinden?

 oder  

Station 4.2 Kreative Umsetzung: *Für immer du!*

Bearbeite **mindestens eine** der folgenden Aufgaben.
Eigene Ideen zur kreativen Bearbeitung des Ovid-Textes kannst du anstelle dieser Vorschläge selbstverständlich auch umsetzen! Sprich sie einfach mit dem Lehrer ab.

a) Verfasse auf der Grundlage des Gedichtes den Text für einen modernen Popsong, in dem es um die »ewige Liebe« geht.
Musik-Profis unter euch können diesen natürlich auch gerne vertonen.

 oder 

b) Erstelle einen Dialog zwischen Ovid und einem guten Freund, der ihn davor warnt, sich bedingungslos an seine Geliebte zu binden.
Ovid verteidigt natürlich heftig seine Entscheidung …

 oder 

c) Spiele die Zukunftsvisionen Ovids in Form von Standbildern nach.
Eine Erklärung zum → Standbild findest du an Station 6.
Eine Digitalkamera zum Fotografieren der Standbilder erhältst du bei der Lehrkraft.

 oder 

d) **Masteraufgabe/Besondere Herausforderung:** Lies dir in der deutsch-lateinischen Lektüreausgabe der *Amores* (→ Bibliothek an Station 6) zusätzlich die Übersetzung der anderen lateinischen Texte aus Station 2 durch.
Schaffst du es, den Inhalt möglichst vieler Ovid-Gedichte durch eine kreative Umsetzung deiner Wahl miteinander zu verbinden?

 oder  

Station 4.3 Kreative Umsetzung: *Öffne die Tür!*

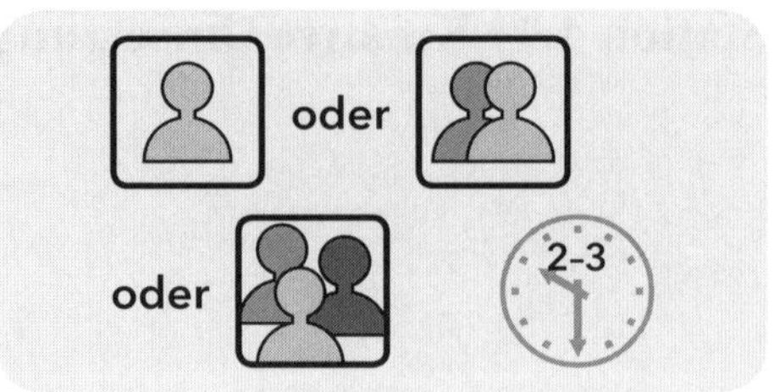

Bearbeite **mindestens eine** der folgenden Aufgaben.
Eigene Ideen zur kreativen Bearbeitung des Ovid-Textes kannst du anstelle dieser Vorschläge selbstverständlich auch umsetzen! Sprich sie einfach mit dem Lehrer ab.

a) Verfasse auf der Basis des Ovid-Gedichtes ein modernes »Paraklausithyron«.
Falls du es im Rahmen der Interpretationsaufgaben noch nicht getan hast, informiere dich im Internet über das literarische Motiv des »Paraklausithyron«.

 oder  

b) Spiele das Ovid-Gedicht an einer Tür in Form von Standbildern nach.
Eine Erklärung zum → Standbild findest du an Station 6.
Eine Digitalkamera zum Fotografieren der Standbilder erhältst du bei der Lehrkraft.

 oder 

c) Setze das Ovid-Gedicht zeichnerisch um. *(Du kannst es auch in die Moderne übertragen!)*

 oder 

d) **Masteraufgabe/Besondere Herausforderung:** Lies dir in der deutsch-lateinischen Lektüreausgabe der *Amores* (→ Bibliothek an Station 6) zusätzlich die Übersetzung der anderen lateinischen Texte aus Station 2 durch!
Schaffst du es, den Inhalt möglichst vieler Ovid-Gedichte durch eine kreative Umsetzung deiner Wahl miteinander zu verbinden?

 oder  

Station 4.4 Kreative Umsetzung: *Liebe ist Krieg!*

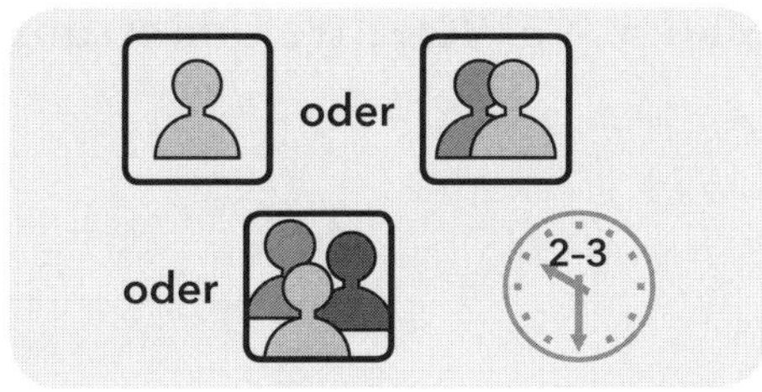

Bearbeite **mindestens eine** der folgenden Aufgaben.
Eigene Ideen zur kreativen Bearbeitung des Ovid-Textes kannst du anstelle dieser Vorschläge selbstverständlich auch umsetzen! Sprich sie einfach mit dem Lehrer ab.

a) Entwickle Standbilder zu den von Ovid genannten »Aufgaben« eines Liebhabers bzw. Soldaten.
Eine Erklärung zum → Standbild findest du an Station 6.
Eine Digitalkamera zum Fotografieren der Standbilder erhältst du bei der Lehrkraft.

 oder 

b) Setze den Vergleich eines Liebhabers mit einem Soldaten künstlerisch in Form eines Comics oder einer Collage um.

 oder  oder 

c) Verfasse einen Flyer oder ein Plakat mit Ratschlägen, die einem *modernen* »Liebessoldaten« bei der Eroberung seiner Geliebten helfen können!
Verwende dazu auch → Material 1 (»Tipps vom Profi«) von Station 3.4.

 oder 

d) **Masteraufgabe/Besondere Herausforderung:** Lies dir in der deutsch-lateinischen Lektüreausgabe der *Amores* (→ Bibliothek an Station 6) zusätzlich die Übersetzung der anderen lateinischen Texte aus Station 2 durch.
Schaffst du es, den Inhalt möglichst vieler Ovid-Gedichte durch eine kreative Umsetzung deiner Wahl miteinander zu verbinden?

 oder  

Station 4.5 Kreative Umsetzung: *Ich ergebe mich!*

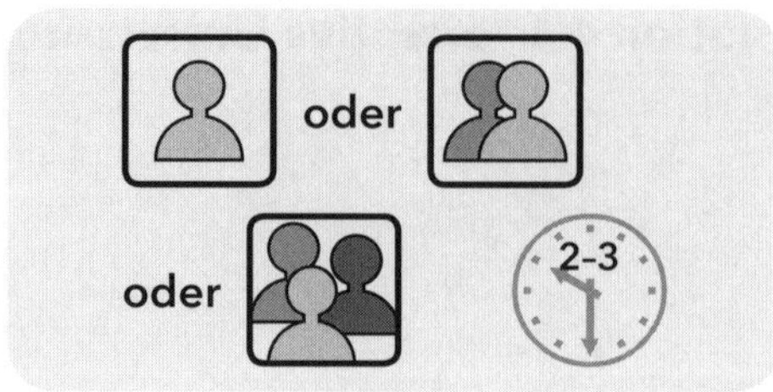

Bearbeite **mindestens eine** der folgenden Aufgaben.
Eigene Ideen zur kreativen Bearbeitung des Ovid-Textes kannst du anstelle dieser Vorschläge selbstverständlich auch umsetzen! Sprich sie einfach mit dem Lehrer ab.

a) Verfasse eine moderne Version des Ovid-Gedichtes!

 oder 

b) Recherchiere im Internet nach verschiedenen Darstellungen des Liebesgottes Amor.
Erstelle daraus eine Collage.
Verwende darin auch lateinische Zitate des vorliegenden Ovid-Textes.

 oder  

c) Informiere dich im Internet genauer über den Liebesgott Amor und seine »Taten«, z. B. in der Sage von → *Apoll und Daphne* aus Ovids *Metamorphosen*.
Verfasse auf der Grundlage dieser Informationen und des Ovid-Textes einen Brief Ovids an Amor, in welchem der Dichter den Liebesgott bittet, er möge gnädig mit ihm sein.

 oder  

d) **Masteraufgabe/Besondere Herausforderung:** Lies dir in der deutsch-lateinischen Lektüreausgabe der *Amores* (→ Bibliothek an Station 6) zusätzlich die Übersetzung der anderen lateinischen Texte aus Station 2 durch.
Schaffst du es, den Inhalt möglichst vieler Ovid-Gedichte durch eine kreative Umsetzung deiner Wahl miteinander zu verbinden?

 oder  

Station 4.6 Kreative Umsetzung: *Sie hat gelogen!*

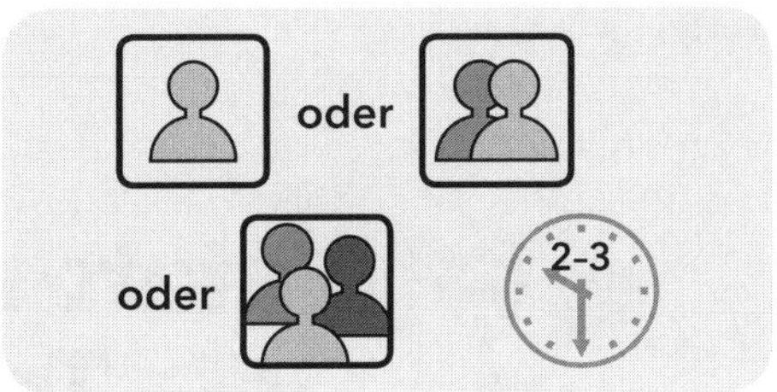

Bearbeite **mindestens eine** der folgenden Aufgaben.
Eigene Ideen zur kreativen Bearbeitung des Ovid-Textes kannst du anstelle dieser Vorschläge selbstverständlich auch umsetzen! Sprich sie einfach mit dem Lehrer ab.

a) Lies dir in der deutsch-lateinischen Lektüreausgabe der *Amores* (→ Bibliothek an Station 6) zusätzlich die Übersetzung des Ovid-Textes *Für immer du!* durch.
Entwickle auf der Grundlage der beiden Texte einen Dialog zwischen Ovid und seiner Geliebten, in welchem er sie zur Rede stellt.
Lasse darin auch Properz zu Wort kommen (vgl. dazu → Material 1 von Station 3.6)!

 oder  oder  

b) Betrachte den Screenshot der kirchlichen Internetseite www.statt-seitensprung.de und das Werbeplakat der kommerziellen Online-Seitensprungagentur (→ Material 1).
Wie würde wohl ein elegischer Liebhaber zu den Thesen der Agentur stehen?
Entwerfe ein entsprechendes Antwortplakat Ovids.

 oder 

c) Setze die Hauptaussagen des Gedichtes in Form einer Zeichnung oder einer Collage um.

 oder 

d) **Masteraufgabe/Besondere Herausforderung:** Lies dir in der deutsch-lateinischen Lektüreausgabe der *Amores* (→ Bibliothek an Station 6) zusätzlich die Übersetzung der anderen lateinischen Texte aus Station 2 durch.
Schaffst du es, den Inhalt möglichst vieler Ovid-Gedichte durch eine kreative Umsetzung deiner Wahl miteinander zu verbinden?

 oder  

Material 1:

www.statt-seitensprung.de, © Johannes Faupel

© Ashley Madison

Station 4.7 Kreative Umsetzung: *Liebe und Hass*

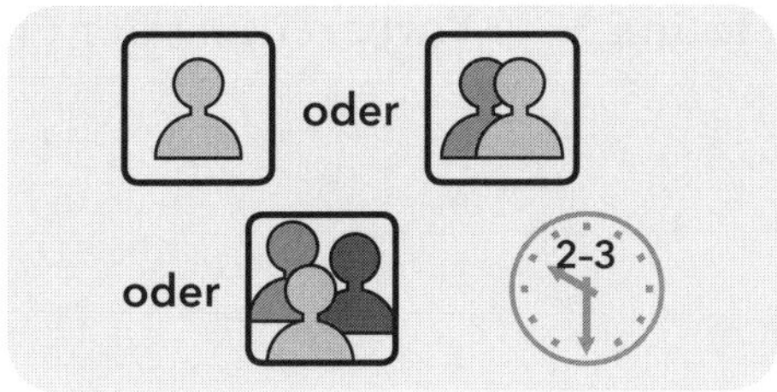

Bearbeite **mindestens eine** der folgenden Aufgaben.
Eigene Ideen zur kreativen Bearbeitung des Ovid-Textes kannst du anstelle dieser Vorschläge selbstverständlich auch umsetzen! Sprich sie einfach mit dem Lehrer ab.

a) Verfasse in Anlehnung an Ovid eine moderne Version des Gedichtes *Liebe und Hass.*

 oder 

b) Im Internet gibt es eine Vielzahl von künstlerischem Material zur Hassliebe.
Erstelle daraus eine Collage zum Ovid-Text. Verwende darin auch lateinische Zitate.

 oder  

c) Lies dir in der deutsch-lateinischen Lektüreausgabe der *Amores* (→ Bibliothek an Station 6) zusätzlich die Übersetzung des Ovid-Textes *Für immer du!* durch.
Vergegenwärtige dir die Situation, in der Ovid steckt.
Verfasse auf der Grundlage der beiden lateinischen Texte einen Trostbrief an Ovid und gib ihm darin Ratschläge zur Überwindung seiner inneren Notlage.

 oder  

d) **Masteraufgabe/Besondere Herausforderung:** Lies dir in der deutsch-lateinischen Lektüreausgabe der *Amores* (→ Bibliothek an Station 6) zusätzlich die Übersetzung der anderen lateinischen Texte aus Station 2 durch.
Schaffst du es, den Inhalt möglichst vieler Ovid-Gedichte durch eine kreative Umsetzung deiner Wahl miteinander zu verbinden?

 oder  

Station 5 Vorbereitung der Ergebnispräsentation

Es steht euch frei, welche Medien ihr zur Präsentation eurer Ergebnisse nutzen wollt.
Sprecht den Einsatz jedoch zuvor mit der Lehrkraft ab!

Wichtig: Besprecht bitte, wie ihr eure gemeinsamen Ergebnisse präsentiert.
Ihr könnt selbstverständlich zu zweit bzw. als Gruppe präsentieren!
Tragt bitte in die beiliegende Liste ein, welchen Text ihr präsentieren werdet!

Beachtet folgende wichtige Hinweise:

- Dauer der Präsentation: ca. 10 Minuten
- Die Präsentation muss folgende Elemente enthalten:
  a) Kurze Vorstellung der übersetzten Textpassage (keine wörtliche Übersetzung, eine kurze Zusammenfassung der wichtigsten Aussagen reicht). Mit lateinischen Zitaten belegen!
  Hilfreich dabei ist die in Teil A der Station 3 erstellte Gliederung (a) bzw. die Antwort auf die Leitfrage zum Text (b). Zur Visualisierung bieten sich die Textfolien an.
  b) Zusammenfassung der Interpretationsergebnisse (in Auswahl): Kurze Präsentation der wichtigsten Ergebnisse deiner Interpretation aus Station 3. Dies dient zum besseren Verständnis der Kreativaufgabe. Fasse die Ergebnisse z. B. stichpunktartig auf Folie zusammen (→ Visualisierungshilfen).
  c) Vorstellung der kreativen Umsetzung: In diesem Teil sind deiner Fantasie keine Grenzen gesetzt! Überrasche die anderen!

Materialien und Visualisierungshilfen

a) **Ordner mit Overheadfolien,** auf denen die lateinischen Texte abgedruckt sind. Möchtest du deinen Textausschnitt mit dem Overheadprojektor präsentieren, kannst du dem Ordner die entsprechende Folie entnehmen und sie mit den beiliegenden Folienstiften bearbeiten.
Tipp: Übertrage beispielsweise deine Gliederung direkt auf den lateinischen Text oder markiere darin Schlüsselwörter!

b) **Weitere Hilfsmittel:**
- beschriftbare OHP-Folien und Folienstifte in verschiedenen Farben
- die lateinischen Texte in Kopie zum Übertragen der Gliederung bzw. zum Markieren von Schlüsselpassagen (→ können anschließend als Handout kopiert werden)
- Papier in verschiedenen Formaten sowie Packpapier und Filzstifte zur Erstellung eines Plakates zur Präsentation
- *Weiteres Material auf Anfrage!*

Station 6 Hilfe und Kontrolle

Lösungen zu Station 1.2: Multiple-Choice-Quiz

1b)/2b)/3c)/4a) und b)/5b) und c)/6c)/7c)

Lösungsansätze zu Station 1.3: Ovid und die römische Liebeselegie

Das Ergebnis deiner Recherche sollte mindestens folgende Punkte beinhalten:

Lebenslauf Ovids:

- im Jahre 43 v. Chr. in Sulmo als Sohn eines Ritters geboren,
- schlug auf Wunsch seines Vaters die Ämterlaufbahn ein, brach diese allerdings ab und widmete sich der Dichtung,
- zählte mit *Properz* (ca. 50–15 v. Chr.) und *Tibull* (ca. 50–19 v. Chr.) zu den drei großen Elegikern Roms,
- wurde im Jahre 8 n. Chr. nach Tomi am Schwarzen Meer verbannt (die Gründe sind bis heute umstritten, vermutlich waren seine *Ars amatoria* und die Mitwisserschaft in der Ehebruchsaffäre von Augustus' Enkelin Iulia die Ursachen),
- starb im Jahre 17 n. Chr. im Exil am Schwarzen Meer.

Charakteristische Merkmale der römischen Liebeselegie:

- Meist steht das Leiden des Dichters aufgrund der Liebesbeziehung im Mittelpunkt,
- subjektive Schilderung der Gefühle des Dichters,
- Umkehr des antiken Rollenverständnisses: Der Dichter errichtet eine fiktive Gegenwelt jenseits der üblichen Konventionen und ordnet sich der Geliebten unter.

Vergleich der literarischen Gattungen »Elegie« und »Epos«:

Elegie	**Epos**
Versmaß: elegisches Distichon (Hexameter + Pentameter)	Versmaß: Hexameter
Schilderung subjektiver Empfindungen des Dichters → Gefühle des Dichters stehen im Mittelpunkt	Schilderung der Taten berühmter Helden (z. B. des Aeneas) → Person des Dichters tritt zurück

Hilfen zu Station 2.1: Amors neue Beute

V. 1 **videri,** videor, visus sum – (er-)scheinen
V. 2 **strata/pallia** = Nom. Pl.
V. 3 **quam longa:** ergänze *erat*
V. 4 **versati** = PPP von *versare*
V. 4 **os,** ossis n. – Knochen
V. 7 **haeserunt** = Perfekt von *haerere*
V. 7 **cor,** cordis n. – Herz
V. 8 **possessa** = PPP von *possidere*
V. 8 **pectus,** pectoris n. – Brust
V. 10 **fertur** = 3. Pers. Sg. Indikativ Präsens Passiv von *ferre*
V. 20 **victas** = PPP von *vincere*

Hilfen zu Station 2.2: Für immer du!

V. 1 **iusta** = nominalisiertes Adjektiv im Akk. Pl. n. (übersetze: Gerechtes)
V. 1 **praedata est** = Perfekt von *praedari* (Achtung: Deponens)
V. 2 **amet/faciat** = Konjunktiv Präsens
V. 3 **volui** = Perfekt von *velle*
V. 3 **pati,** patior, passus sum – erdulden, sich gefallen lassen (hier: Konjunktiv Präsens)
V. 6 **novisse,** novi, notum – wissen, kennen (übersetze im Präsens!)
V. 18 **te dolente:** Abl. abs.
V. 18 **dolente** = PPA von *dolere*
V. 18 **mori,** morior, mortuus sum, moriturus – sterben
V. 19 **materies,** materiei f. – Stoff

Hilfen zu Station 2.3: Öffne die Tür!

V. 1 **dura catena** = Abl. Sg.
V. 1 **catena,** -ae f. – Kette
V. 2 **moto cardine:** Abl. abs.
V. 2 **moto** = PPP von *movere*
V. 7 **custos,** custodis m. – Wächter
V. 7 **leniter** – sanft, leichtfüßig
V. 9 **vanus,** -a, -um – wesenlos, leer
V. 10 **iturus** = PFA von *ire*
V. 11 **risit** = Perfekt von *ridere*
V. 11 **tenera matre:** gemeint ist Venus, die Mutter des Amor
V. 12 **fies** = 2. Pers. Sg. Indikativ Futur Aktiv von *fieri*
V. 18 **ianua,** -ae f. – Tür

Hilfen zu Station 2.4: Liebe ist Krieg!

V. 1 **amans,** amantis – Liebender, Verliebter
V. 2 **crede** = Imperativ zu *credere*
V. 4 **senex,** senis – alt, betagt
V. 7 **requiescere,** requiesco, requievi, requietum – ausruhen, rasten
V. 7 **uterque,** utraque, utrumque – jeder von beiden
V. 10 **sequi,** sequor, secutus sum – folgen, nachfolgen
V. 42 **lectus,** -i m. – Bett
V. 43 **impellere,** impello, impuli, impulsum – antreiben, in Bewegung setzen
V. 43 **formosae puellae:** Genitivus objectivus

Hilfen zu Station 2.5: Ich ergebe mich!

V. 1 **posito** = PPP von *ponere*
V. 2 **deprecer** = 1. Pers. Sg. Konjunktiv Präsens Passiv (Achtung: Deponens)
V. 10 **telum,** -i n. – Geschoss (gemeint sind Amors Pfeile)
V. 11 **positis** = PPP von *ponere*
V. 11 **nudus,** -a, -um – nackt
V. 11 **arma,** -orum n. – Waffen
V. 12 **tibi:** Dativus possessivus
V. 12 **vis** (Pl. vires) f. – Kraft, Stärke
V. 13 **iussae** = PPP von *iubere*

Hilfen zu Station 2.6: Sie hat gelogen!

V. 1 **crede** = Imperativ zu credere
V. 3/4 **tam … quam** – so … wie
V. 3 **capillus,** -i m. – Haar
V. 9 **sidus,** sideris n. – Stern, Gestirn
V. 11 **aeterni … di:** Hyperbaton
V. 11 **falsum:** nominalisiertes Adjektiv im Akk. Sg. (übersetze: Falsches)
V. 13 **per:** siehe V. 10
V. 13 **suos:** ergänze dahinter *oculos*
V. 13 **illam … iurasse:** AcI

Hilfen zu Station 2.7: Liebe und Hass

V. 1 **leve:** bezieht sich auf *pectus*
V. 2 **odium,** -i n. – Hass
V. 3 **odisse,** odi – hassen (bildet nur die Formen des Perfektstammes)
V. 3 **potero** = 1. Pers. Sg. Indikativ Futur Aktiv von *posse*
V. 5 **fugientem** = PPA von *fugere*
V. 6 **crimen,** criminis n. – Vergehen
V. 8 **videri,** videor, visus sum – (er-)scheinen (+ NcI)
V. 9 **vellem:** 1. Pers. Sg. Konjunktiv Imperfekt Aktiv von *velle*
V. 11 **factum,** -i n. – Tat
V. 12 **vitiis … suis** – Ablativus comparationis

Hilfen zu Station 3.1: Amors neue Beute

a) Gliederung des Textes (hier ohne lateinische Zitate)

V. 1–4: »Symptome« des Verliebtseins des Dichters (Schlaflosigkeit/Gliederschmerzen durch häufiges Hin- und Herwälzen)
V. 5–6: Spekulation über Ursachen der Schlaflosigkeit
V. 7–8: Feststellung des Dichters, Amor habe ihn mit seinen Pfeilen getroffen
V. 9–18: Überlegung des Dichters, ob er gegen die Liebe ankämpfen oder ihr nachgeben soll Aufgabe des Widerstandes und Begründung der Entscheidung
V. 19–20: Der Dichter als »neue Beute« Amors

b) Einige sprachlich-stilistische Besonderheiten der Textpassage, die für die Interpretation nützlich sein können

V. 1–4: (Rhetorische) Fragen
V. 1: Betonte Anfangsstellung des Verbs *esse*
V. 4: Abbildende Wortstellung: Das Hyperbaton *lassaque … ossa* rahmt *versati corporis* ein
V. 4: Gehäuftes Auftreten von s-Lauten: *la**ss**aque ver**s**ati corpori**s** o**ss**a dolent*
V. 5: Metonymie: *amore* steht hier für den Liebesgott (wird in V. 5/6 deutlich!)
V. 7: Abbildende Wortstellung: *tenues … sagittae* umrahmt *in corde*
V. 8: Erneute Häufung von s-Lauten: *po**ss**e**ss**a feru**s** pectora ver**s**at Amor*
V. 9–10: Polyklise: *cedimus – cedamus*/Betonte Stellung der Verben am Versanfang
V. 18: Alliteration: *ferre fatentur*/Betonte Stellung des Subjektes *Amor* am Versende
V. 19: Alliteration: ***e**n **e**go*
V. 19–20: Verwendung von Begriffen aus dem Wortfeld Militär bzw. Kampf: *praeda, victas, (iura)*
V. 20: Häufung von a-Lauten: *vict**a**s **a**d tu**a** iur**a** m**a**nus*

Hilfen zu Station 3.2: Für immer du!

a) Gliederung des Textes (hier ohne lateinische Zitate)

V. 1–2: Bitte um ewige Liebe bzw. Gegenliebe
V. 3: Relativierung der Bitte
V. 4: Anrufung der Venus
V. 5–6: Erneute Bitten an die Geliebte, sie möge die Liebe erwidern
V. 15: Einzigartigkeit der Liebe (dem Dichter gefällt kein anderes Mädchen)
V. 16–18: Zukunftsvorstellungen des Dichters (ewige Liebe bis zum Tod)
V. 19–20: Die Geliebte als Gegenstand der Dichtung

b) Einige sprachlich-stilistische Besonderheiten der Textpassage, die für die Interpretation nützlich sein können

V. 1: Betontes Voranstellen des Relativsatzes »**quae me nuper praedata (est)**«
V. 2: Alliteration: »**aut amet aut**«
V. 2–3: Polyklise: Häufung von Formen des Verbes »amare« (»**amet**«/»**amem**«/»**amari**«) (Vergleiche auch V. 6: »**amare**«)
V. 4: Metonymie: »**Cytherea**« (Benennung der Venus nach ihrer Kultstätte auf der griechischen Insel Kythera)
V. 5–6: Wiederholung der Imperativform »**accipe**« (am Versanfang) und des Relativpronomens »**qui**«
V. 5: Hyperbaton: »**longos … annos**«
V. 15: Alliteration: »**m**ihi **m**ille«/Anapher: »**non … non**«
V. 16: Betonte Stellung von »**tu**« am Versanfang
V. 16–19: Häufiges Auftreten verschiedener Flexionsformen des Pronomens »**tu**« (»**tu**«/»**tecum**«/»**te(que)**«/»**te**«)
V. 18: Antithese: Die Verben »**vivere**« und »**mori**« stehen sich betont am Versanfang/-ende gegenüber
V. 19: Gehäuftes Auftreten von m-Lauten: »**m**ihi materie**m** felice**m** in car**m**ina«

Hilfen zu Station 3.3: Öffne die Tür!

a) Gliederung des Textes (hier ohne lateinische Zitate)

V. 1–2: Appell an den Wächter, die Tür zu öffnen
V. 3–6: Wiederholung des Appells/der Dichter ist aufgrund der Liebe abgemagert
V. 7–8: Fertigkeiten, die der Dichter durch die Liebe entwickelte (Täuschen der Wächter)
V. 9–10: Vergangenheit: Furcht des Dichters vor der Nacht
V. 11–12: Reaktion Amors auf die Furcht (Lachen)
V. 13–14: Gegenwart: Mut des Dichters
V. 15–16: Der Dichter fürchtet sich nur noch vor dem Türwächter und schmeichelt ihm
V. 17–18: List zur Überwindung des Hindernisses: Der Wächter soll sich die von den Tränen feuchte Tür ansehen (und sie dazu öffnen!)

b) Einige sprachlich-stilistische Besonderheiten der Textpassage, die für die Interpretation nützlich sein können

V. 1: Abbildende Wortstellung: »**dura … catena**« umschließt »**religate**«
V. 2: Hyperbaton: »**difficilem … forem**«
V. 3–4: Hyperbaton (über das Versende hinweg): »**ianua … semiadaperta**«
V. 5–8: Personifikation: »**longus amor**« als handelndes Subjekt
V. 7–8: Wiederholung der Form »**ille**«
V. 8: Prolepse: »**inoffensos**« bezeichnet die Folge bzw. Absicht der Prädikatshandlung
V. 9: Pleonasmus: »**simulacraque vana**«
V. 13–14: Anapher: »**non … non**«; Abbildende Wortstellung: »**strictas … manus**« rahmt »**in mea fata**« ein
V. 15: Häufung von t-Lauten: »**t**e nimium len**t**um **t**imeo, **t**ibi«
V. 15–17: Häufiges Auftreten verschiedener Flexionsformen des Pronomens »**tu**« (»**te**«/»**tibi**«/»**tu**«)
V. 16: Alliteration: »**p**ossis **p**erdere«

Hilfen zu Station 3.4: Liebe ist Krieg!

a) Gliederung des Textes (hier ohne lateinische Zitate)

V. 1–2: Jeder Liebende leistet »Kriegsdienst«
V. 3–10: Vergleich zwischen Soldat und Liebhaber
V. 3–4: Geeignetes Alter
V. 5–6: Eigenschaften bzw. Fähigkeiten/Vergleich des Mädchens mit dem Feldherrn
V. 7–8: Wache vor der Tür des Mädchens bzw. Feldherrn
V. 9–10: Der lange Marsch als Aufgabe des Soldaten und Liebhabers
V. 41–44: Die Liebe hat auch den Dichter zum »Kriegsdienst« bewegt

b) Einige sprachlich-stilistische Besonderheiten der Textpassage, die für die Interpretation nützlich sein können

V. 1–2: Betonte Stellung von »**militat omnis amans**« am Versanfang bzw. -ende
V. 3: Metonymie: Die Göttin Venus (»**Veneri**«) steht für ihren Aufgabenbereich (Liebe)
V. 4: Anapher des Adjektivs »**turpe**«/Ellipse von »**est**« Parallelismus: »**turpe senex miles**«/»**turpe senilis amor**«
V. 5–6: Vergleich des Mädchens (»**puella**«) mit dem Feldherrn (»**duces**«) Betonte Stellung von »**milite forti**« und »**viro**« am Versende; Gehäuftes Auftreten von i-Lauten: »an**i**mos **i**n m**i**l**i**te fort**i**«
V. 7: Variation: »**ambo – uterque**«/Antithese: »**pervigilant – requiescit**«
V. 10: Hyperbaton: »**strenuus … amans**«
V. 41: Betonte Anfangsstellung von »**ego**« (zusätzliche Betonung durch »**ipse**«)
V. 42: Metapher: »**lectus**« steht im übertragenen Sinne für den Schlaf. Abbildende Wortstellung: »**animos … meos**« rahmt »**lectus et umbra**« ein
V. 43: Alliteration: »**i**mpulit **i**gnavum«
V. 44: Die Wörter »**castra**« und »**militat**« aus V. 1 werden durch die Begriffe »**in castris (suis)**« und »**aera merere**« wieder aufgegriffen

Hilfen zu Station 3.5: Ich ergebe mich!

a) Gliederung des Textes (hier ohne lateinische Zitate)

V. 1–2: Bekenntnis des Dichters zur Liebe als »süßem Übel«
V. 3–4: Kaum lässt die Liebe nach, entbrennt sie wieder neu
V. 5–10: Vergleich der Liebe mit einem wilden Pferd/einem Seesturm
V. 11–12: Der Dichter gibt sich der Liebe geschlagen und legt seine Waffen nieder
V. 13–14: Amors Pfeile treffen den Dichter von selbst und kennen ihn besser als ihren Köcher

b) Einige sprachlich-stilistische Besonderheiten der Textpassage, die für die Interpretation nützlich sein können

V. 1: Betonte Anfangsstellung des Imperativs »**vive**« Hyperbaton: »**posito … amore**«
V. 2: Oxymoron: Verbindung der sich ausschließenden Begriffe »**dulce**« und »**malum**«
V. 5–8: Vergleich der Liebe mit einem wilden Pferd bzw. mit einem heftigen Windstoß (»**ut … ut … sic**«)
V. 5–6: Hyperbaton (über das Versende hinweg): »**dominum … retentantem**«
V. 5/V. 8: Betonte Stellung des Verbs »**rapit**« am Versanfang (V. 5) bzw. am Versende (V. 8)
V. 9–11: Variatio der Bezeichnungen für den Liebesgott (»**Cupidinis**«/»**Amor**«/»**puer**«)
V. 11: Hyperbaton: »**positis … armis**«
V. 11–13: Wiederholung der Form »**tibi**« und Variation durch das Possessivpronomen »**tua**«
V. 13: Antithese: »**iussae – sponte**«/Hyperbaton: »**iussae … sagittae**«

Hilfen zu Station 3.6: Sie hat gelogen!

a) Gliederung des Textes (hier ohne lateinische Zitate)

V. 1: Treuebruch der Geliebten
V. 2–10: Darstellung des Äußeren der Geliebten (vor und nach dem Betrug)
V. 2: Gesicht
V. 3–4: Haare
V. 5–6: Gesicht
V. 7: Füße
V. 8: Größe
V. 9–10: Augen
} Das äußere Erscheinungsbild hat sich nicht verändert!
V. 11–12: Die Götter erlauben schönen Mädchen den Betrug
V. 13–14: »Augenschmerzen« des Dichters nach einem falschen Schwur der Geliebten

b) Einige sprachlich-stilistische Besonderheiten der Textpassage, die für die Interpretation nützlich sein können

V. 1: Betonte Anfangsstellung der Aussage (im AcI) »**esse deos**«
V. 1–2: Häufung von f-Lauten: »**f**idem iurata **f**e**f**ellit, et **f**acies illi, quae **f**uit ante manet«
V. 3: Hyperbaton: »**longos … capillos**«
V. 3–4: Wiederholung zu Beginn der Verse: »**quam longos – tam longos**«
Chiasmus: *habuit* *nondum periura*
postquam numina laesit *habet*
V. 5: Pleonasmus: »**roseo rubore**«
V. 7–8: Parallelismen: »**pes erat – pedis est**«/»**longa fuit … longa manet**«
V. 9: Ellipse von »**ocellos**«
V. 11: Hyperbaton (über das Versende hinweg): »**aeterni … di**«
V. 13–14: Anapher: »**perque … perque**« (betonte Stellung am Versanfang)
V. 14: Ellipse von »**oculi**« (siehe V. 9)

Hilfen zu Station 3.7: Liebe und Hass

a) Gliederung des Textes (hier ohne lateinische Zitate)

V. 1–2: Kampf der Liebe und des Hasses im Herzen des Dichters
V. 3: Der Dichter will hassen oder widerwillig lieben
V. 4: Vergleich mit einem Stier, der das verhasste Joch trägt
V. 5–6: Verschmähung des verdorbenen Charakters/Liebe der schönen Gestalt
V. 7–8: Der Dichter kann weder ohne noch mit der Geliebten leben und ist verwirrt
V. 9: Wunsch des Dichters, die Geliebte solle entweder weniger schön oder weniger verdorben sein
V. 10–11: Die Verdorbenheit und die schöne Gestalt des Mädchens passen nicht zusammen
V. 12: Die Geliebte wirkt stärker auf den Dichter als ihre Fehler

b) Einige sprachlich-stilistische Besonderheiten der Textpassage, die für die Interpretation nützlich sein können

V. 1: Betonte Anfangsstellung von »**luctantur**« (gibt das Thema des Gedichtes an)
V. 2: Anapher: »**hac … hac**«/Antithese: »**amor – odium**«
V. 3: Antithese: »**odero – amabo**« (steht betont am Versanfang bzw. am Versende)
V. 4: Vergleich der (Hass-)liebe mit einem Stierjoch (»**taurus**«)
V. 5: Polyklise: »**fugio – fugientem**«/Alliteration: »**f**ugio – **f**ugientem **f**orma«
V. 6: Chiasmus: *aversor* *morum crimina*
corpus *amo*
V. 7–8: Häufung von e-Lauten: »**e**go n**e**c sin**e** t**e** n**e**c t**e**cum viv**e**re possum, **e**t videor voti n**e**scius **e**ss**e** m**e**i«
V. 8: Alliteration: »**videor voti**«
V. 9: Chiasmus: *formosa fores* *minus*
minus *inproba*
V. 9–11: Alliteration: **f**ormosa … **f**ores … **f**acit … **f**orma … **f**acta … **f**acies
V. 10: Abbildende Wortstellung: »**mores … malos**« rahmt »**tam bona forma**« ein
V. 11: Parallelismus: »**facta merent odium – facies exorat amorem**«
Paronomasie: Klangähnlichkeit der Begriffe »**facta**« und »**facies**«
Antithese: »**odium – amor**«
V. 12: Hyperbaton: »**vitiis … suis**«

Info zu Station 4: Kreative Umsetzung

Das Standbild

Definition: Das **Standbild** ist eine Art »Schnappschussbild«, das aber live dargestellt wird. Dadurch kann z. B. eine Szene aus einem Gedicht dargestellt werden. Es hilft, ein Textverständnis auszudrücken und gleichzeitig weiterzuentwickeln.

Standbild bedeutet, dass keine Bewegungsabläufe eingebaut werden dürfen (auch kein Dialog).

Stattdessen sollen alle anderen Arten der Körpersprache ausgenutzt werden:

- für bestimmte Situationen typische Mimik (besonders Mund und Augen)
- typische Gestik (Schulterstellung, Kopfhaltung)
- Sitzhaltung
- Nähe und Distanz/Zu- bzw. Abgewandtheit der verschiedenen Personen
- Berührungen

aus: Siemer, Joanna: Szenische Interpretation (SzI), in: Drumm, Julia/Frölich, Roland (Hg.): Innovative Methoden für den Lateinunterricht, Göttingen 2008, S. 32–62.

Muster:

aus: Schulz, Petra/Stockmann, Luise: Jesus-Stationen für Kinder, Göttingen 2008, S. 20.